여기 이렇게 존재하고 있어

여기 이렇게
존재하고 있어

베튤
BETUL ZUNBUL
산문집

프롤로그

무엇이든 될 수 있지만
아무것도 되지 못할 확률

　서어-른. 동생이 웃음기 가득한 얼굴로 길게 늘여 말한 두 음절 따위에 상처받진 않았다. 나의 서른에게 그저 미안한 마음이 일었을 뿐이다. 쉽지 않은 '이십대'를 살아냈건만, 웃음거리가 되어버린 나의 '서른'이 문득 애틋해졌다.

　더운 여름날의 졸업식에 가기 위해 엄마와 동생을 이끌고 버스를 탔다. 졸업식이 한창인 교정에 도달하기 위해서는 버스에서 내려서도 숲이 우거진 언덕을 넘어 초파리 무리의 공격을 뚫고 한참 더 걸어야 했다. 엄마는 무릎을 움켜쥐고 숨을 헐떡이며 "하루도 안 쉬고 이 언덕을 매일 올랐단 말이야? 너도 참 할 짓 없다"

고 했다. 주말, 공휴일 할 것 없이 매일 '출근'하던 길이 주변의 원성에 새삼 낯설게 느껴졌다. 무슨 부귀영화를 누리겠다고 이 고생인가 생각한 적은 있지만 할 짓이 없어서 공부를 한 것은 아닌데…… 하고 대꾸하려다 꿀꺽 삼켰다. 그날 엄마는 '석사백수'라는 단어를 새로 배웠다. 나의 연구실이 있던 건물 앞에 또 다른 석사백수의 이름이 적힌 장난스러운 플래카드를 동생이 친히 번역해주었기 때문이다.

서른, 석사백수.

그날 이후로 엄마는 아이같이 천진한 얼굴로 깔깔거리며 나를 석사백수라 부르곤 했다. 그렇게 재밌어하는 엄마의 얼굴을 본 적이 몇 번 없는데, 자기가 찾던 바로 그 질감의 단어를 알게 된 것이 퍽 재밌었던 모양이다. 그 속에 다분히 나에게 경각심을 주려는 의도가 있다는 사실을 알았음에도 불구하고, '서어-른'이라는 말에도 '석사백수'라는 말에도 정작 나는 어떤 타격도 받지 않았다. 그런 상대를 둔 엄마와 동생이 얼마나 답답할지 잠시 헤아려보았지만, 서른의 석사백수인 내가 열등감까지 가질 수는 없는 노릇이었다. 사실 나는 내가 서른이라는 것도, 석사백수라는 것도 썩 싫지 않다. 10년 가까이 사회학을 공부하면서 이미 자조 섞인 농담에는 도가 터버렸기 때문에 쓴웃음이라도 지어 넘기기에 '서른의 석사백수'라는 말은 수위가 한참 못 미친다고나 할까. 자고로 사회학 전공자라면 '무엇이든 될 수 있지만 아무것도 되지 못할 확률이 더 높다'는 식의 유머를 세포 곳곳에 각인하고 있기 마련이다. 때문에 나는 내가 백수가 되리라는 사실을 이미 10년 전부터(어쩌면 그 이전부터) 알고 있었고, 그러니 서른에 백수가 되었다고 해서 크게 상심할 것도 없었다.

지금 생각해보면, 나는 아주 어릴 때부터 내 삶이 '보통의 삶'이라는 경로에서 어긋나리라는 것을 받아들였던 것 같다. 그것은 내가 특별해서라기보다 일반적인 상상의 틀에서는 나라는 존재 자체가 설명될 수 없어서였다. 예컨대 고등학교 때 선생님들과 친밀한 관계를 맺으며 '나도 선생님이 되고 싶다'고 생각한 적이 있다. 하지만 내게는 교원 자격을 얻을 수 있는 전제

조건인 '선천적인 대한민국 국적'이 없었기 때문에 불가능부터 떠올려야 했다. 이외에도 수많은 조건이 다방면에서 '불가능'이라는 결론으로 치닫는 경험을 일상적으로 해왔다. 어쩌면 사회학을 공부하게 된 것은 그런 내 존재 자체의 불가능성을 스스로 설명할 수 있게 되길 바랐기 때문인지도 모르겠다.

만일 모든 기억이 사라지고 다시 이십대로 돌아갈 기회가 생긴다면 나는 절대 돌아가지 않을 것이다. 기억이 사라지는 것이 아니라면야 주저하지 않고 당장 돌아가겠지만 말이다. 물론 로또 당첨번호 몇 개와 피땀 흘려 쓴 리포트, 더 이상 흘릴 피땀조차 남지 않아 눈물까지 탈탈 털어 쓴 학위논문을 저장한 하드디스크는 무슨 일이 있어도 챙겨갈 것이다. 조금 더 일찍 석사가 되거나, 백수가 되어도 크게 걱정할 필요 없다는 이유 때문만은 아니다. 나의 불가능성을 언어화할 수 있게 되었을 때의 가능성을 조금 더 일찍 누리고 싶기 때문이다. 그러면 지금 이렇게 글을 쓰고 있는 것처럼 언젠가 해야 하지만 여유가 없어 시작하지 못한 가치 있는 일들을 조금 더 괜찮은 환경에서 보다 즐겁게 시작할 수 있을 것 같다.

그렇다. 나는 서른의 석사백수다.

정작 나는 내가 서른이라 딱히 안타깝거나 서글프지 않은데 '백수'라는 오명 아래 웃음거리가 되는 나의 현실은 가끔 버거울 때가 있다. 힘든 '이십대'를 살아내고 이제야 나의 불가능성을 가능성으로 전환할 수 있게 되었는데, '서른의 백수'라는 말로 누군가가 또다시 그 가능성을 불가능성으로 전환하려 하는 것 같아 난감한 것이다. 그 난감함을 견뎌낼 방법을 찾으려다 세상의 기준에서 내 존재의 불가능성을 인정하는 꼴이 되어버린다는 사실을 깨닫고, 차라리 버거움을 끌어안아 '세상의 기준'이라는 틀을 깨버리기로 했다. 음, 무슨 소린지 나도 잘 모르겠다. 굳이 표현하자면 그렇다는 것이다. 쉽게 말하자면…… 그냥 '막 살기로' 했다. 이러나저러나 서른의 백수인데, 아무리 생각해도 열등감까지 가질 수는 없다.

그래서 글을 쓰고 연기를 하기로 했다. 그러니까 그

냥, '말을 하기로' 했다. 나의 언어로, 나의 기준으로, 나의 시선으로 세상을 바라보고, 온 마음을 다해 온몸으로 있는 그대로의 내 존재 자체로 그것들을 발화하고 내보이기로 했다. 그렇게 해서 먹고살 수는 있겠느냐고? 아직도 철이 이렇게 없어서야 되겠느냐고? 세상 물정을 몰라서 그러는 거라고? 아니, 안타깝게도 나는 쓸데없이 너무 빨리 철이 들어버렸고, 당신이 살고 있는 그곳과는 '다른' 내가 살고 있는 이곳의 세상 물정을 누구보다 잘 알고 있기 때문에 이 일을 하기로 한 것이다. 딱히 예술적 감각을 타고나거나 뛰어나서도, 얼굴이 예뻐서도 아니다. 글 쓰는 일을 좋아하지만, '문학적인 가치'까진 잘 모르겠다. 내게는 그저 당신에게 할 '말'이 있다. 서른의 석사 백수이면서 한국 사회에 살고 있는 이주민 여성이기도 한 나의 '말'이 당신에게 얼마나 가닿을지는 잘 모르겠지만, 나는 나의 이야기를 퍽 신나게 해보려 한다.

2025년 초여름

베튤

차례

프롤로그   무엇이든 될 수 있지만
             아무것도 되지 못할 확률 4

1부 ─────── 나를 증명하는 방식

가난에도 권리가 필요하다 15

지구를 들어 올리고 싶다면 27

여기 이렇게 정말로 존재하고 있어 41

여자 선배가 필요해 49

공평, 부질없고 하찮은 60

우아하게, 절박하지 않게 73

나를 증명하는 방식 82

지구 걱정하지 마 102

우리는 의외(가 아니)야 113

보디로션을 바르는 철학 120

또 하나의 혼란스럽고 복잡한 TMI 128

2부 ─────── 나도 서정적인 글을 쓰고 싶다

사랑에 관한 몇 가지 단편들　149

주식, 시詩, 그리고 '이런 인간'　162

돈 벌기는 글러버린 부류의 인간　171

우리 집 여자들과 자기만의 방　186

결국 기적은 일어나지 않는다　200

'찻잔'과 '작은 숲'　209

블랙코미디와 로또의 상관관계　220

가방 속 어떤 본질　226

나도 서정적인 글을 쓰고 싶다　246

그저 절실하게 고집스럽기로　253

에필로그　　'미치광이 괴짜 과학자'의 실험실　268

여기 이렇게 존재하고 있어

1부

나를 증명하는 방식

BETUL ZUNBUL

가난에도 권리가 필요하다

 거대한 아크릴판 너머로 서류를 검토하다가 소득 칸에서 주저하는 출입국 관리 사무소 직원의 얼굴이 보인다. 예술 프리랜서인 나는 2022년 5월 종합소득세신고를 하고 작년에 냈던 세금 중 일부를 환급 받았다. 그만큼 가난하다는 의미다. 불안한 현실 앞에서 나의 가난이 못마땅한 적은 있었을지언정 그것이 부끄럽거나 자책할 만큼 형편없이 살고 있다고 생각한 적은 없다. 때때로 가난에 허덕이는 스스로가 미워질 때가 있었지만, '돈은 있다가도 없고, 없다가도 있는 것이니라' 하고 도를 닦으며 이겨냈다. 그러니 다른 사람도 아닌 무려 '출입국 관리 사무소 직원'이 나의 가난을 앞에 두고 염려하는 모습에는 여러모로 어리둥절할 수밖에 없었다.

출입국 사무소는 항상 이상한 방식으로 죄의식을 느끼게 하는 장소다. 체류 자격을 변경하거나 기간을 연장하러 갈 때마다 잠정적인 범죄자 취급을 받으며, 별 것 아닌 일에도 '탈탈 털리고' 오기 십상인 곳. 꼬투리 잡힐 일 없이 완벽하게 서류를 준비해 가도 그날의 기분을 온전히 지키기 쉽지 않은 이곳에서 아크릴판 너머의 얼굴은 나의 소득 기준에 해당하는 최하 점수를 붉은 펜으로 체크하는 데 주저하고 있었다. 아주 짧은 몇 초였지만 저이의 주저가 의심에 기댄 것이 아니라 '어찌해줄 수 없다'는 염려와 미안함에 기인한다는 것을 단번에 알아볼 만큼 분명했다. 이내 공적인 태도를 되찾은 직원은 아크릴판 하단으로 '각서'라고 적힌 종이 한 장을 밀어내며 "6개월밖에 연장 안 돼요"라는 단호한 한마디를 내뱉었다. 내가 가진 거주 비자는 일반적으로 2~3년씩 연장되지만, 적은 소득 탓에 올해는 1년을 겨우 받을 거라고 각오한 상황이었다. 그런데 1년이 아니라 6개월이라니! 예상 못한 일이었다.

"6개월이요?"

"네……. 지금 최저임금이 월 190만 원 정도 하거든요. 지금 증빙되는 소득을 12개월로 환산한 금액이 그게 안 돼서…… 최저임금이 안 되면 6개월씩 두 번, 1년까지만 봐드리고 그 이후에는 연장이 안 돼요. 각서에 사인하세요."

내가 받은 종이에는 정말 '각서'라고 적혀 있었다. 세상에! 나는 진정 '각서'를 앞에 두고 앉아 있다. 각서에는 이어서 이렇게 써 있었다. "실직 상태 또는 최저임금 이하 소득 요건 제출 시, 소득 요건 미충족 상태가 1년 이상 지속되는 경우 체류 기간 연장 불허할 수 있음을 안내 받음." '6개월'이라는 타격이 채 가시기도 전에 반쯤 넋이 나간 채 인적 사항을 기재하고는 서명을 하고 말았다. 그리고 몇 분이 지나서야 직원의 염려와 미안함, 안타까움이 섞인 표정을 납득할 수 있었다. 이것이었구나! 나이, 학위, 한국어 능력과 추가 가점 부문(국내 대학 졸업 및 이민 시험 통과 등)에서 모두 고점을 받아 80점이 거뜬히 넘는 내가 소득 부문에서 최하점인 1점을 받은 것이 굳이 문제가 되고, 심지어 염려의 대상이 된 이유는 단순히 내가 가난해서가 아니라 그 자체가 결격사유가 될 수 있기 때문이었다. (내가 심사받은 제도는 우수 인력 포인트제로 석사학위 이상의 학력 소지자에 한해 나이, 학력, 한국어 능력, 소득 등의 요소를 점수로 환산하고, 이민 적격 시험 통과 여부, 국내 대학에 다닌 이력, 봉사 이력 등으로 가점을 주어 80점 이상일 경우 점수에 따라서 1~5년의 거주비자를 부여하는 제도다. 이전에는 소득이 낮을 경우 1년씩 연장하면서 매년 추적 관리했다면, 최근 제도가 새로 개편되어 소득 요건이 결격사유가 되었다). 붉은 사인펜으로 총점 기재란에 87점이라고 적으면서 머뭇거리던 직원의 손놀림이 아직도 잊히지 않는다.

그렇게 돌려받은 외국인등록증의 뒷면에는 2023년 5월 6일이라는 날짜가 새로 찍혀 있었다. 날짜를 보니 새삼스레 실감이 났다. 25년간 이 나라를 터전으로 생활하고 있는 내가 이 나라로부터 허락받은 시간은 새로 연장된 6개월과 원래 남아 있던 기간 조금, 그리고 아마도 직원의 재량으로 줄 수 있는 추가 기간을 꽉꽉 채워 받은 2개월로 총 8개월 정도다. 1년도 채 되지 않는 걸 확인하니 기분이 이상해졌다. 그리고 정신없이 각서까지 쓰고 나오면서 미처 생각하지 못했던 소득을 떠올렸다. 현실적인 고민을 해야 했다. 취업 생각은 눈곱만큼도 없는 내가 프리랜서로 2,280만 원 이상의 소득(근로 소득 기준 월 최저임금인 190만 원을 기준으로 계산했을 때의 연 소득)을 서류로 증빙하기 위해서는 프리랜서 경비 지출 공제금까지 고려했을 때 3개월밖에 남지 않은 올해 안에 총 5,700만 원을 벌어야 한다. 그래야 고작 1년짜리 단기 거주 비자를 받을 수 있는 것이다. 어라? 도무지 현실적인 액수가 아니라는 생각에 갑자기 아득했던 정신이 선명해졌다. 그리고 계산기를 꺼내 두드렸다. 2~3년의 안정적인 비자를 받으려면 소득 증명원에 3,000만 원 이상이 찍혀야 하는데, 이는 소득 신고를 통해 공제되는 금액을 감안했을 때 올해 안에 실수령액 7,500만 원을 벌어야만 가능한 일이다(이 정도 소득이면 단순 경비율이 적용되지는 않겠지만, 임의로 적용 계산해보았다).

무슨 부루마블 화폐도 아니고, 한 번도 내가 단기간에 손에 쥐어볼 거라고 여긴 적 없는 액수였다. 내 기준에선 현실적인 금액이 아니었다. 로또 정도는 되어야 만질 수 있는 목돈이라 여겼던 액수가 당장 눈앞의 걸림돌이었다. 내 산수 능력을 의심하며 몇 번이고 다시 계산했지만 계산기에는 계속 같은 숫자가 찍혔다. 계산기 속 '57,000,000' 또는 '75,000,000'을 보자니 '각서'를 실제로 보는 것만큼이나 기묘했다. 그것이 어느 정도의 부피와 무게를 지니는지 가늠이 되지 않는 게 나만은 아닐 것이다. 몇 시간의 노동을 필요로 하는 돈인지조차 감이 잡히지 않았다. 다만 확실한 것은 '예술 프리랜서'로 살아가는 나의 현실에서 몇 개월 만에 벌기란 불가능한 돈이라는 점이다. 연극을 통해서는 엄두조차 낼 수 없는 금액일 뿐 아니라 어느 정도 규모의 작품에 몇 회 출연해야 벌 수 있는지도 전혀 알 수 없었다.

이쯤 되자 마음이 한결 더 이상해졌다. 나는 스스로 프리랜서라 정의하는데, '외국인 프리랜서'는 애초에 성립 불가능한 개념이었는지도 모르겠다. 국적을 떠나 재직 근로자가 아닌 사람이 연 2,280만 원 또는 3,000만 원의 소득을 서류로 증빙하기란 꽤 어렵다. 공제금을 포함하여 5,700만 원 또는 7,500만 원의 수익을 내는 것은 주변의 다양한 직종에 종사하는 N년차 프리랜서들에게 물어보아도 혀를 차는 일이다. 문제는 외국인의 경우 이 금액을 충족하지 못하면 삶과 일의 터전을 보장받지 못한다는 데 있다. 허울뿐인 말임을 알면서도 내가 프리랜서이기를 자처하는 단 한 가지 이유는 안정적이지 않더라도 보다 자유로운 환경을 만들기 위해서다. 그렇다고 '자본'에서 온전히 자유롭긴 어렵지만 스스로 생활을 영위하기에 충분하다고 여기는 만큼의 노동을 자본화하여 정해진 시간에 일해야 하는 근로노동자와는 다른 삶을 찾기 위해서다. 그러나 일정 수입이 충족되지 않으면 다른 삶은커녕 노동의 기회조차, 삶의 터전조차 지켜낼 수 없다. 암만 '프리'랜서라도 기본적인 지위마저 프리해지고 싶지는 않다.

본업이 연기를 하거나 글을 쓰는 일이라고 말하면서도 막상 본업으로 돈을 벌어본 경험이 많지 않은 나는 사실상 필요한 돈 대부분을 '알바'로 충족한다. 애초에 '예술'이라는 나의 노동 범주는 세상의 기준에서 가격이 높게 책정되지 않는다. 때문에 알바는 비단 나뿐 아니라 예술 프리랜서들에게 지극히 일상적인 풍경이다. 잘 풀린 소수를 제외하면 본업을 지속하기 위해서 반드시 병행해야만 하는 과정이라고 할 수 있다. 나이가 들수록 '돈'이 내가 생각했던 것보다 훨씬 중요한 재화임을 몸소 깨닫지만, 돈이 내 삶의 궁극적 목표가 된 적은 단 한 번도 없다. 그러니 이렇게 살 수 있는 것이다. 나는 조금 가난하더라도 나의 가난을 납득하고 살아왔다. 가끔 나의 가난이 못마땅했어도 그걸로 끝이었다. 내게는 돈보다 훨씬 중요한 가치가 넘쳐났다. 그런 가치를 껴안고 살다 보면 돈이 없어서 불행해질 일은 그렇게 많지 않았다. 그런데 가난도 권리가 필요한 일이었다. 내게는 이제 더 이상 가난할 권리조차 없다.

'가난할 권리'라니, 계산기의 숫자 앞에서 잠시 선명해졌던 정신이 점차 희미해지기 시작했다. 정신줄을 간신히 부여잡고, 내가 가장 먼저 한 일은 최저시급으로 노동시간을 환산해보는 것이었다. 1년짜리 단기 비자를 받기 위해 필요한 5,700만 원을 벌려면 365일간 하루도 쉬지 않고 17시간씩 노동(알바)을 해야 한다는 결과가 나왔다. 이미 코웃음이 나오고 말았기 때문에 7,500만 원은 굳이 계산하지도 않았다[이 글을 쓰는 동안 법적으로 고지된 노동시간의 수당 등을 고려하지 않고 단순하게 시급으로 계산해보니 매일 22시간의 노동(알바)을 해야 했다]. 결국 프리한 알바로는 불가능했다. 간신히 부여잡았던 머릿속이 다시 아득해졌다. 학교로 향하는 지하철 안이었다. 두 눈에는 이미 언제고 흘러내려도 이상하지 않을 눈물이 맺혀 있었다. 25년간 살아온 삶의 터전에서 내가 가진 권리에 대해 생각했다. 가난할 권리도, 스스로를 프리랜서로 정의할 권리도 내게는 없었다. 조금 가난할지라도 하고 싶은 일을 선택할 수 있는 권한이 내게는 없었다. 눈가에 맺힌 눈물을 훔치며 비극이 되어버리고 만 하루를 진정시키기 위해 애썼지만 그럴수록 나의 비극을 보다 선명하게 마주할 뿐이었다.

이 나라에서 내가 가진 지위에 대해 생각하면서 한 번, 정말 비자를 받을 수 없게 되었을 때 내가 할 수 있는 것이 무엇일지 고민하며 다시 한번 눈물을 훔쳤다. 터키 독재정권의 블랙리스트 아버지를 둔 나는 사실상 터키로 돌아갈 권리 또한 없다. 문득 내가 있을 자리가,

나를 반기는 장소가 지구상 어디에도 존재하지 않는다는 생각에 불안이 밀려왔다. 그것은 지금까지 느껴왔던 현대인의 만성적 불안과는 차원이 달랐다. 언제고 소리가 터져 나와도 이상하지 않을 울음을 눌러 삼키며 숨을 겨우 나누어 쉬고 있을 때 불현듯 '양부모를 찾아볼까?' 하는 생각이 스쳤다. '성인 입양'이라는 문구를 스마트폰 검색창에 적고 있는 나를 발견했을 때, 이번에는 울음이 아니라 웃음을 참느라 애를 먹었다. 눈에 눈물이 고인 채 웃는 웃음이라니. 스트레스 지수가 한계치를 넘어서였을까? 내가 할 수 있는 것이 아무것도 없어서였을까? 우울과 불안이 몸에 주는 자극이 극단으로 치솟은 상태는 의외로 폭신했다. 뿌연 구름 속 조용한 진공상태 같다고나 할까. 포근하진 않아도 확실히 폭신했다. 언제고 삐끗하고 넘어져도 이상하지 않을 기분 나쁜 폭신함. 그 폭신한 진공에서 어느새 상상의 나래를 펼치기 시작했다.

국적을 위해 결혼을 할 수는 없으니 답은 역시 입양인가? 그렇다면 입양 시장에서는 무엇을 어필해야 할까? 이 정도면 꽤 씩씩하게 잘 큰 것 같은데, 괜찮은 딸

내미가 필요한 집에 잘 어필하면 어떨까? 상속까지는 필요 없으니 '상속 포기 각서'를 쓴다고 하면 좀더 가능성이 생기지 않을까? 잠깐! 누구한테 입양을 부탁하지? 주변의 몇몇 어른을 떠올리며 멍한 얼굴로 피식거리고 있을 즈음, '집사를 간택하는 고양이의 마음이 이런 걸까? 고양이들은 좋겠다. 좋은 사람만 잘 찾으면 입양은 거뜬할 만큼 매력이 있으니. 영화 〈더 랍스터〉에 나오는 동물 전환 수술처럼 고양이로 신체를 전환할 수 있는 수술 같은 건 없을까?' 하는 말도 안 되는 질문이 계속 이어졌다. 동시에 마음도 조금은 누그러졌다. 폭신한 진공상태도 어느새 걷혀 있었다. 현실에 대한 걱정이 사라지기는 어렵겠지만 고양이 전환 수술까지 생각하다니, 비극을 블랙코미디로 잘 정리했다는 뿌듯함이 앞섰다. 암만 생각해도 잘했다. 그런 의미에서 나는 잘 살고 있다.

비자 문제는 어떻게든 해결할 것이다. 한참을 돌고 돌더라도 고집스럽게 나의 터전에서 내가 선택한 일을 하며 버텨낼 것이다. 순간순간의 역사가 비극에 머물지 않도록, 블랙코미디로 잘 풀어낼 수 있도록 마음의 여유와 에너지, 그리고 옅고 찰진 농담의 기술만은 잃지 않기를.

그런데 나는 충분히 그렇게 해낼 수 있을 것 같다. SNS에 '각서' 사진과 함께 입양 공고문(?)을 올리자 나보다 더 진심으로 나의 안위를 염려해주는 사람들이 많은 걸 보면 말이다. 당장 가난할 권리도, 가난한 채로 삶의 터전을 영유할 권리도 없지만, 나의 사람들이 나에게 기꺼이 자리를 내어주니 말이다.

지구를 들어올리고 싶다면

'말하기'는 어디서부터 어려워지는가? 앎이 말하기의 바탕이라는 것은 천만의 말씀! 오히려 많이 알고 나면 말하기는 더 어려워진다. 모르는 것에 대해 말하기는 생각보다 쉬울지 모른다. 모르는 것에 대해 함부로 말하지 말자는 융통성 없는 강박에 치여 하지 못할 뿐이다. 다시, 잘 모르니까 '말한다'는 행위의 파장을 생각할 필요도 없이, 말이 어디로 가닿아 어떤 의미로 뿌리내릴지 판단하지 않고 말하기란 세상 쉽다. 한편, 같은 말이더라도 다른 이의 삶의 배경에서는 다르게 읽힐 수 있음을, 더 나아가 누군가의 삶에 커다란 못으로 박힐 수 있음을 이해한다면 말하기는 지구를 들어올리는 일만큼이나 어려운 일이 된다. 그래서 가장 위험한 순간이 바로 '알고 있다'고 생각하는 때다.

'더 똑똑해져야 한다'는 말을 입에 달고 살던 때가 있다. 더 똑똑해지면 결국 말할 수 있게 되리라 여겼다. 더 똑똑해지고 나서야 알았다. 똑똑해지는 것은 '말한다'는 실질적 행위에 하등 도움이 되지 않는다는 것을. 함부로 말해선 안 된다는 전제를 거듭 확인했을 뿐이다.

*

때는 바야흐로 2010년으로 거슬러 올라간다. 어른인 척 흉내 내기 바빴던 만 18세, 갓 대학 입학을 앞두고 뭐라도 되는 양 돌아다니던 2월의 이야기다. 설렘으로 기다리던 10학번 오리엔테이션이 있던 날, 나는 기다리던 오티를 뒤로 하고 출국을 했다. 3일 전, 아버지가 '의류 사업을 하는 여사장님이 다녀가시며, 일주일간 함께 동행해 통역을 해줄 여학생이 필요하다고 해 내 명의의 비행기 티켓을 이미 샀'노라고 통보했기 때문이다. 당황스러웠지만 별다른 방도가 없었다. 오티

첫날 잠깐 학교에 들러 상황을 말하고 밤 비행기에 몸을 실었다. 마침 터키에 볼일이 있다는 아버지와 함께 비행기를 타고 내리는 동안 기내식을 먹네 마네 하는 짧은 대화만 오갔다. 터키 공항에 도착했을 때, 아버지가 처리할 것이 있으니 잠시 여권을 달라기에 선뜻 내주었다. 버스를 타고 이스탄불 외곽에 위치한 외가에 도착해서야 내가 왜 터키에 있는지 알게 됐다. 이미 내 여권은 어디론가 증발한 후였다. 지금 생각하면 구멍 투성이인 이 시나리오에 당시 열여덟이었던 순진무구한 인간은 깜박 속아 넘어갔다. 터키의 지리와 지명조차 모르는 내가 통역을 한다는 것부터 이상했고, 직접 통역사를 구하러 왔다는 깐깐한 의류 업계 사장님이 내 얼굴 한 번 보지 않고 계약했다는 것도 심히 이상했다. 당시에도 분명 이상함을 감지했지만, '어른의 세계는 이러한가' 하는 한 단계 더 이상한 잣대로 그 '이상함'을 납득해버렸다.

아버지는 '비뚤어지는 딸'을 위해 한국 생활을 정리하기로 결단한 것이었다. 3년 앞서 같은 대학에 입학한 오빠가 당신께서 납득할 수 없는 방식으로 행동해

온 것을 고려했을 때, 딸인 내가 같은 길을 걷는다는 것은 도저히 상상할 수 없는 공포였을 테다. 그렇다고 오빠가 특별히 비행을 저지르거나 한량처럼 행동한 것은 아니다. 대학생에게 주어지는 갑작스러운 자유의 80퍼센트 정도를 누린 것에 불과했다. 나는 딸이기 때문에 60퍼센트 정도만 누릴 수 있어도 다행이라고 수긍하고 있었지만 그마저 이맘(이슬람교 지도자)인 아버지와 하피즈(이슬람의 경전, 코란을 모두 외우는 경지에 이른 신도)인 어머니에게는 감당할 수 없는 슬픔이었다. 성인이 된 자녀를 한국이라는 문화적 테두리 안에서 더 이상 통제할 수 없음을 직감하고, 지속적인 통제가 가능한 환경을 조성하기 위해 13년간의 한국 생활을 정리하고 터키로 귀환한다는, 본인들에게도 쉽지 않은 선택을 한 것이었다. 내가 대학에 다니기 시작하면 설득할 수 없을 게 뻔하기에 속여서라도 데려다 놓으려고 시나리오를 급조한 것이 바로 '의류 업계 여사장님'이었다.

일주일 동안 온갖 난리를 피웠지만 통하지 않았고, 아버지는 기어이 나를 외가에 남겨놓은 채 혼자 한국으로 돌아가는 비행기를 탔다. 비운의 여주인공이 따로 없었다. 거의 3개월간 죽지 않을 만큼의 음식과 물을 섭취하며 하릴없이 울기만 했다. 사지가 몇 시간 동안 마비되는 경험을 하고 나서야 정신을 차리고 한국으로 돌아갈 궁리를 했다. 혼자 외출하는 것마저 허락받기 어려운 환경이었는데, 지금 생각하면 통했다는 것이 어이없을 만큼 말도 안 되는 '거짓말'을 그야말로 밥 먹듯 하며 혼자 여권 분실신고를 하고 새로 발급받는 데까지 성공했다(아마 그 시기에 내 인생 통틀어서 할 거짓말을 다 한 것이 아닐까 싶다). 내 힘으로 무언가를 해낸 경험이 주는 위안과 뿌듯함에 사로잡혀 무엇이든 할 수 있을 것 같았다. 매일 밤 아무도 찾을 수 없을 거라고 여겼던 곳에 숨겨둔 여권을 몰래 꺼내보며 뿌듯함으로 배를 채우던 어느 날, 다시 한번 아버지에게 여권을 도난당하는 참사가 발생했다. 아버지는 공식적인 경로로 나에 관한 정보를 추적하고 있었다. 배신감을 넘어 분노로 들끓는 감정을 억누르고 거사를 외려 앞당겼다. 다음 날 또다시 거짓말과 사투 끝에 외출을 허락받아 여권 분실신고를 하고, 그다음 날 여권을 받자마자 공항으로 달려가 무려 비행기 출발 열두 시간 전에 체크인을 했다. 분실된 여권이 하루면 발급된다는 엄청난 정보(터키 행정 시스템을 경험해본 사람이라면 쉽게 상상할 수 없는 속도다)를 알고 있는 이가 아무도 없었기 때문에 가능한 일이었다. 그렇게 우여곡절 끝에 국제적 스케일의 가출이 성공하는가 싶었지만, 한국에 도착하자마자 공항을 빠져나가기도 전에 아버지에게 붙잡히고 말았다.

이 일은 분명 부모님의 가슴에 비수를 꽂은 철없는 선택이기도, 열여덟 살이 할 수 있는 가장 절실하고 정당하고 치열한 선택이기도 했다. 또한 내 몸 구석구석에 축적된 18년간의 통제 역사를 한 방에 청산한 '살아 있는 육체의 경험'이기도 했지만, 스스로 어른이라 착각한 미완성의 위험한 고집이기도 했다. 결국 부모님은 한국 생활을 정리하고 터키로 돌아가셨고, 나는 1년 늦게 한국에서 대학 생활을 시작했다. 가출 서사는 여기서 끝나지 않는다. 규율이 엄격한 터키 여학생 기숙사에서 몰래 도망쳐 나와 고시원에 들어가면서 또다시 집안이 발칵 뒤집어졌다. 어학연수 중이었던 오빠가 돌아오면 함께 자취하는 것으로 합의하고 나서야 상황이 정리되고 나름의 자유를 확보했다.

분명한 것은 부모님이 선견지명이 있었다는 점이다. 속세의 기준에서 지극히 모범적인 범주에 들어가는 나의 생활이 그들의 기준에서 망나니 한량임은 어쩔 수 없는 사실이다. 그들의 기준에서 한때 그저 '비뚤어지고 있는 딸'이라는 희망적인 존재였던 내가 이제는 '바로 세울 수 없는 존재'가 되고 말았다. 내 기준에서 내가 충분히 잘 살고 있는 것과 무관하게 부모님의 입장이 이해되지 않는 것은 아니다. 한편 가출과 도망이라는 극단적인 사건을 통해 부모님은 '더 이상 어찌할 수 없다'는 사실을 어느 정도 받아들이기도 했다. 인정하는 것 자체가 당신들에게 이미 커다란 슬픔이었을 테지만 내가 마음대로 좌지우지할 수 있는 소유물이 아님은 분명하니 어쩔 도리가 없다. 내가 나이를 먹고, 하루하루 부모님의 얼굴에 주름이 깊어지는 것을 지켜보며, 부모님이 이 사실을 보다 분명하게 인식하는 것이 반가우면서도 서글퍼질 때가 있다. 우리 가족이 조금 극단적인 경험을 하고 있을 뿐, 여느 가족이 경험하는 힘의 역전도 이와 다르지 않을 것이다.

그사이 부모님의 신변에 크고 작은 변화들이 생겨 지금은 다시 한국에서 함께 생활하고 있다. 사실 나는 지금도 일상적으로 투쟁을 이어가는 중이다. 부모님이 가진 문화적 맥락과 내가 가진 맥락이 정면으로 충돌할 수밖에 없는 환경에서 서른에도 어쩌면 중2조차 경험하지 않을 사소하고 지리멸렬한 다툼과 종종 마주한다. 내가 실제로 중2이거나 만 18세였다면 종일 울거나 또다시 가출을 시도했을지도 모르겠다. 다만 이제는 한층 여유 있게 의미 없는 다툼을 피하거나 더 이상 일을 키우지 않을 방향으로 참아내곤 한다. 부모님의 어떤 말들은 여전히 상처로 남는다. 한숨이 나오기도 하고 분노가 치밀기도 한다. 그럴 때마다 굳이 내 감정을 표출하기보다 독립에 대한 의지를 재차 다지며 '합법적이고 정당하게 독립할 수 있는 방법'을 되뇐다. 부모님의 기준에서라면 해서는 안 될, 그러나 내가 해야 할 일들을 포기하지 않는 것. 부모님이 지속적으로 나에게 행하는 압력을 도 닦듯이 참아내면서도 그 압력에 절대 휘둘리지 않는 것. 그 자체가 이미 부모님에게 상처임을 알기에, 그 이상의 슬픔을 거듭 드리지 않으려 노력하는 것. 생활양식에서 비롯되는 문제에는 도를 닦되, 무지에서 비롯되는 문제에는 논리적으로 대응하는 것. 이것은 겉으론 조용해 보일지 몰라도 내게 엄청난 투쟁이다. 지금의 능력치와 상관없이 오랜 시간이 지나야만 이룰 수 있는 것들이 있다. 아직은 기다림이 필요한 시기인 것 같다.

*

스무 살 언저리에는 가출 서사를 말하는 것이 어렵지 않았다. 상처를 꺼내 보이며 치유하는 과정이어서 그렇기도 했지만, 그것이 꽤 멋진 이야기로 읽히는 일이 퍽 즐거웠다. 그 생각이 철없는 것인 줄은 미처 몰랐다. 내 가출 이야기가 와전되는 해프닝이 벌어지기도 했다. 내가 다름 아닌 터키 '공주'인데, 억압과 압박을 못 견디고 본국에서 도망쳤다는 신데렐라 로망으로 가득 찬 소문이 학교에 돌았다. 내가 오드리 헵번도 아니었고, 여기가 로마도 아니었기에 딱히 할 수 있는 일은 없었다. 게다가 터키는 '공주'가 존재해본 적 없는 '공화국'이라 졸지에 사기꾼이 된 기분이었다. 아이들에 겐 일국의 공주가 고시원으로 도망친 이야기가 그럴듯 하고 흥미로운 드라마로 그려졌을 텐데, 공주가 아니 어서 새삼 미안해지기까지 했다.

가출 서사를 비롯한 일상적 투쟁의 역사, 또는 그 과정에서의 감정을 말하기 어려웠던 이유는 터키 공주라는 웃어넘기면 그만일 오해 때문이 아니었다. 때때로 내가 의도치 않은 방향으로 이해되는 이 서사의 파장이 두려워졌기 때문이다. 이 글마저 혹여 다르게 읽힐까 두려워 가출 서사를 최대한 간략하게 서술하는 데에도 오랜 시간이 걸렸다. 내가 강조하고 싶었던 부분은 '부모님의 선택이 그들의 맥락에서 이해가 된다'는 지점이다. 부모님이 나에게 행사하는 압력이 한국의 맥락에서 '무엇을 상상하든 그 이상'임에 틀림없다. 그렇지만 나를 통제하거나 단죄하는 것이 단순히 무지에서 비롯된 것이 아니라, 그들의 경건한 생활양식에 기반을 둔 것이라는 점에서, 그 경건한 생활양식이 나에게만 차별적으로 적용되는 것이 아니라 이미 그들이 실천하고 있는 것이라는 점에서 그것에 휘둘리긴 싫지만 이해 가능하다는 사실 또한 틀림없다. 그럼에도 '여자가 어쩌고' 하실 때면 정색하고 냉철하게 대응한다. 집안에서 부모, 조부모, 또는 일가친척에 의해 이런 비상식과 마주하는 일은 내 또래 여성들에게 생각보다 흔하다. 가정 내 내 편이 얼마나 많은지에 따라 타격감과 수위는 조금씩 차이가 있겠지만 말이다. 그것이 우리 부모님만의 특이점이 아니라는 것은 주변 친구들을 통해 익히 알고 있다. 그럼에도 가출 서사를 비롯해 나의 일상적인 투쟁에 관해 이야기하면 사람들은 대체로 나를 측은하게 바라본다. 측은함이 나와 오랫동안 깊이를 쌓은 이들이 보이는 공감과는 매우 다른, 어딘가 찝찝한 것일 때 아차 하곤 한다.

그 찝찝함은 '역시 이슬람 문화는……'으로 시작하는 무수히 많은 문장에서 비롯된다. 이 문장을 발화하든 발화하지 않든, 상대가 이 이야기를 어떻게 받아들였는지는 어렵지 않게 알 수 있다. 그 순간 나는 말문이 막힌다. 무엇을 어디서부터 어떻게 설명해야 할까. 설명해야 한다는 압박감 자체가 말을 이어갈 수 없게 한다. '그게 아니라' 하는 종류의 부정적인 말이 아주 길어지겠지? 그 긴 말이 가닿을 수 있을까? 무엇을 하든 결국 답답함으로 끝날 대화를 여기서 적당히 끊으면 어떨까? 그런데 그건 나의 답답함을 최소화하려는 이기적인 선택이 아닐까? 꼬리에 꼬리를 문 질문들은, '역시 이슬람은……'으로 시작되는 문장으로 누군가는 삶 자체를 위협받을 수도 있다는, 그리고 내가 그 무기를 강화하는 장본인이 되고 말았다는 죄책감으로 이어진다. 그렇게 결국 참지 못하고 구차한 간증부터 하게 되는 것이다. "아, 저는 종교적 의미는 전혀 없지만……" 하고 간증하지 않으면 나마저 '장막에 가려진 현실을 보지 못하는 무지한 중생'으로 받아들여져 말에 힘이 실리지 않기 때문이다. 그리고 아주 짧은 시간 안에 그 간증의 의미가 내 안에서 선명해지면 그렇게밖에 하지 못한 스스로가 급격하게 싫어진다. 어떻게 하든 나 자신이 가라앉을 수밖에 없는 말의 늪에 빠져버린 셈이다.

그럼에도 말해야겠다. 이번에도 어김없이 지리멸렬한 간증부터 차곡차곡 쌓아보자면, 나에게는 종교적 의미가 없다. 종교인으로서 이슬람을 대변하려는 것은 아니다. 그렇지만 내가 이슬람 문화권 출신이라는 사실은 변함이 없다. 내가 알고 경험하는 '이슬람'은 한국에서 기독교나 천주교가 받아들여지는 것처럼, 현대적인 해석에 의해 현대적인 삶과 충분히 양립할 수 있는 종교다. 부모님은 내가 '자식'이기 때문에 종교적으로 엇나가는 것을 지극히 슬퍼하고 때에 따라 압력도 행사하지만, 당연하게도 자식이 아닌 누군가가 종교적이지 못하거나 타 종교를 믿는다고 해서 비난하지 않는다. 높은 확률로 이 글을 읽고 있을 그 누구보다 내가 더 많은 무슬림을 만나왔겠지만 나는 태어나서 단 한 번도 '테러리스트'를 직접 목도한 적이 없으며, 테러를 옹호하는 사람조차 본 적이 없다. 그런 일이 없다고 부정하는 것이 아니라, '그것=이슬람'이라는 공식은 무언가 잘못됐다는 의미다.

나의 가출 서사는 한국 사회로 이주한 한 독실한 터키 가족 안에서 성장한 자녀들의 사례일 뿐이다. 그것이 비슷한 배경을 지닌 누군가의 삶과 맞닿는 측면이 있겠지만, 이슬람 전체로 뭉뚱그려지거나 알고 있다고 '믿어지는' 편협한 정보를 강화하는 이야기가 되지는 않았으면 한다. 내가 나의 가출 서사를 '말하는' 이유는 '이슬람이 역시 그래'서가 아니라, 내가 느끼는 이 감정에 공감받고, 너와 내가 다르지 않음을 확인하고 싶어서다. 그것을 매개로 그저 소통하고 싶어서다.

*

여전히 말한다는 것은 어려운 일이다. 어떤 믿음, 어떤 용기를 절대적으로 필요로 하는 행위임에 틀림없다. 그런 의미에서 말하기는 절대 혼자 할 수 있는 일이 아니다. 말이 의미를 갖고 뿌리내리는 과정은 분명 화자와 청자가 적절하고 미묘하게 무언가를 주고받는 일이다. 그 미묘함을 함께 나눌 수 있다는 믿음과 나눠도 괜찮겠다는 용기가 없다면 애초에 시작하지 않을 대화들이 있다. 누군가 그런 대화를 시작했다면 부디 그 믿음에 보답할 수 있기를, 무심코 지나치지 않을 수 있는 사람이 되기를, 오늘도 스스로가 그만큼 섬세한 사람이 될 수 있기를 간절히 바라본다. 지구 하나쯤, 맞들면 거뜬히 들어올릴 수 있을 테니 말이다.

여기 이렇게 정말로 존재하고 있어

 모두의 예상과 달리 영어를 지지리 못해서 어학연수를 다녀온 적이 있다. '어학연수'라는 고급스러운 단어로 설명하기엔 너무도 비루한 '9개월간의 생존기'였지만, 익숙한 터전을 떠나 무려 런던에서 생활한 것은 사실이다. 교통비를 아끼겠다고 왕복 두 시간 거리를 자전거를 타고 다니면서 얻은 방광염은 제때 치료하지 못해 서울로 돌아온 후에도 한동안 골칫거리였다. 길도 제대로 모르면서 덜컥 자전거를 살 만큼 겁이 없었지만 병원에 가는 일은 이상하게 겁이 났다. 영어로 어디가 어떻게 얼마나 아픈지 설명하는 게 겁이 났고, 무엇보다 치료비가 많이 나올까 몹시 겁이 났다. 친구가 처방받고 남긴 항생제를 얻어먹으며 악착같이 버텼다. 버티는 것만 알았지, 삶을 즐길 줄은 몰랐던 내게 영국은 그다지 좋은 기억으로 남아 있지 않다. 서울에 오자마자 잃어버린 휴대전화와 함께 추억할 사진마저 없어진 탓에 더더욱 어둡게만 기억된다.

  그럼에도 딱 한 가지, 인상적으로 남은 게 있다. 그것은 온갖 훔쳐 온 물건들로 채워진 대영박물관의 전시품도 아니고, 돈이 없어 들어갈 엄두도 내지 못한 시계탑도 아니다. 일상적인 공간에서 만난, 보다 일상적인 순간이었다. 어학원으로 가던 길목에 아주 작은 액팅스쿨이 있었는데, 그곳 창밖에는 소속 배우들의 프로필이 붙어 있었다. 다양한 인종 배경을 가진 배우들의 사진이 응당 자연스럽게 걸려 있는 것을 한참 넋 놓고 구경했다. '최소한 저 차이가 제약이 되진 않는구나' 싶었다. '외국인 배우'가 아닌 그냥 '배우'로 불리는 이들의 모습 앞에서 온갖 생각이 스쳐 지나갔다. 아마 내가 틀렸을 것이다. 인종 차이가 배우라는 직업 자체를 갖지 못하게 하는 제약이 되지는 않겠지만 그들 역시 인종 차이 때문에 맡을 수 있는 배역은 한정적이었을 테니 말이다. 그럼에도 2014년의 내게는 그 작은 기회마저 흥미롭게 여겨졌다. 내게 배우라는 길은 언제나 마음 한구석에 두고 있지만 차마 갈 수는 없는, 그야말로 불가능한 길이었기 때문이다.

  2014년, 한국에서 외국인이 한국어로 연기를 한다는 것은 상상할 수 없는 일이었다. 뭐, 지금도 크게 다른 것 같진 않지만. 텔레비전 속 외국인들은 그저 한국에서 생활하며 겪은 문화 차이 또는 자국에 대한 이야기를 소개하는, 그야말로 '외국인'으로 소비되고 있었다. 게다가 여성과 남성 각각에게 주어지는 역할도 너무 달랐다. '비정상'이라는 이름으로 각국을 대표하는 이들이 모두 남성이던 시절, 나는 남성도 아니고 터키를 대표할 수 있을 만한 인물도 아니었다. 터키에서 보낸 시간보다 한국에서 보낸 시간이 훨씬 길었으며, 한국 일반 학교에서 정규교육을 받았기 때문에 나의 지식체계와 문화체계는 전혀 '외국인답지' 못했다. 애초 유명세를 얻기 위해 연기를 하고 싶었던 것은 아니지만 내가 그 '전형적인 외국인'이 아니라는 게 늘 답답했다. 나를 설명할 수 있는 공유된 언어가 존재하지 않았다. 이것은 곧 내가 존재하고 서 있는 이 자리가 아주 흐릿해서 잘 보이지 않는다는 의미와 같다.

영국에서 돌아와 친한 친구에게 그 인상을 이야기하다가 친구의 반응이 영 시원찮아 다시 한번 말문이 막혔다. "당연하지. 영국은 이민의 역사가 기니까……." 나도 안다. 영국이라는 배경에서 그쯤은 당연하다는 것을. 그렇게 신기하거나 대단히 경이로운 일이 아니라는 것을. 특정 역할을 맡아서 연기할 만큼 '사실적'이지 않은 나는 그들과 달리 설 자리가 없으리라는 것을 친구는 에둘러 내게 이해시키려 했다.

"근데 말야. 나, 여기 이렇게 정말로 존재하고 있어. 아주, 사실적으로 말야."

아마 그 순간과 다시 마주한다면 이렇게 말했겠지만 당시엔 나의 답답함이 어디에서 기인하는지 설명할 수 없었다. 복잡하게 엉킨 마음으로 "맞아. 사실적이진 않지……" 하고 말았다. 나에겐 충분한 언어가 없었다.

이듬해 나는 대학을 졸업했다. 졸업을 앞둔 또래 친구들은 '취준생'이라는 이름 아래 그간 그들에게서 한 번도 보지 못했던 무거운 얼굴을 한 채로 '현실 세계 어른'이 되어갔다. 단 한 번도 취업 생각을 해본 적이 없던 나는 친구들의 '현실 세계 어른' 얼굴을 바라보며 더더욱 확신에 차 사회학과 대학원에 입학원서를 냈다. 무엇보다 스스로 가치 있다고 여기지 못하거나 의미 부여가 되지 않는 일에 부품처럼 활용되는 것을 견뎌낼 자신이 없었다. 안타깝게도 그때는 '돈을 번다'는 것 자체가 충분히 가치 있는 일이라는 사실을 미처 알지 못했다. 마음 한구석에서 연기를 하고 싶다는 욕망이 꿈틀댔지만, 나 자신을 포함해 그 누구에게도 들키지 않기 위해 꽁꽁 싸매어 깊은 곳에 애써 숨겨두었다. 배우가 된다는 것이 내게 무슨 의미일지 나조차 선뜻 답할 수 없었다. 운이 좋아서 '아주' 잘 풀리더라도 스스로 재밌다고 여겨지지 않는 방송인의 역할을 수행하며 잠시 잠깐 소비되다 말 것만 같았다. '이렇게 생겨서 무슨 배역을 맡을 수 있겠어?' 내가 특출나게 잘하는 것이라곤 '한국말'밖에 없는데, 그 특이점은 오히려 내 생김새의 배역을 맡는 데 무엇보다 큰 방해 요소임이 분명했다.

그렇다고 공부가 마지못한 차선책은 아니었다. 무엇

보다, 당시 나에겐 연기와는 달리 공부에 대한 충만한 의미들이 존재했다. 세상엔 내 정체성을 드러내며 내 목소리로 할 수 있는, 아니, 해야만 하는 이야기들이 무척 많았다. '내가 정말로 이곳에 아주 사실적으로 존재하고 있다'는 것이 출발점이었다. 사실적으로 존재하고 있음에도 발화하지 못했던 수많은 '답답함'을 끊임없이 탐구했다. 내가 느끼는 답답함이 무엇인지 언어화하고 발화해야 했다. 그 답답함을 설명하고, 비로소 나의 존재를 납득시킬 수 있어야 나의 자리가 보다 선명해질 수 있다고 여겼다. 때문에 대학원 생활을 하던 내내 '더 똑똑해져야 한다'는 말을 입에 달고 살았다. 어떤 논쟁 앞에서도 발화할 수 있는 나의 언어를 갖기 위해서는 지금보다 더 똑똑해지면 된다고 여겼던 것이다. 어쩌면 답답함의 근원이 나에게 있다고 생각했는지도 모르겠다. 그러니 내가 더 똑똑해지기만 하면 해소될 것이라고, 자신을 갉아먹고 있었던 것이다.

그리고 그 시간 동안 나는 정말로 훨씬 더 '똑똑'해졌다. 하지만 더 똑똑해졌다고 해서 답답함이 해소되지는 않았다. 애초에 '존재를 설명해야만 한다'는 사실 자체가 바로 그 답답함의 실체였다는 점을 비로소 이해했기 때문이다. 세상엔 악착같이 더 똑똑해질 필요가 없고, 구구절절 설명할 필요 없이 살아가는 사람들이 대다수다. 그것은 내가 단 한 번도 갖지 못한 권력이었다. 문득 설명하고 이해시키고 납득시켜야 한다는 것이 비참해졌지만 그것을 인지할 수 있게 된 것은 확실히 더 똑똑해졌다는 뜻이었다. 그러니 다행이었다.

다른 기호를 사용한 말하기가 필요하다고 여겼다. '내가 여기에 존재하고 있다'는 사실을 당돌하고 발칙하게 말할 수 있는 다른 기호가 필요했다. 주류의 언어에는 한계가 있었다. 나는 이미 그 '지식과 교양이 넘치는' 주류의 언어를 누구보다도 세련되고 섬세하게 다룰 수 있었지만 그것으로 내 답답함을 온전히 설명할 수는 없었다. 결국 돌고 돌아 '몸'이라는 본질로 돌아왔다. 나의 존재에 대한 모든 기호가 바로 나의 몸에 축적되어 있었다. 애써 누군가가 납득할 수 있을 만한 존재가 될 필요 없이 내가 축적한 나의 몸으로, 그저 있는 그대로 존재하면 될 일이었다. 20여 년간 살아오며 한 번도 경험해보지 못한 여유가 꿈틀꿈틀 생동하기 시작했다.

동시에 깊은 곳에 묻혀 있던 '연기를 하고 싶다'는 욕망이 다시금 확실한 언어와 의미를 가지고 수면 위로 올라온 것은 어쩌면 당연한 수순이었다. 배우가 되어 연기하는 일이 누군가에게 무엇을 납득시키는 과정이 아니라 있는 그대로 나로서 존재할 수 있는 방법으로 여겨졌다. 나의 물리적인 신체, 나의 사고, 나의 문화, 그 어떤 것도 삭제되거나 무시당하지 않고 누군가에게 온전히 있는 그대로 가닿을 수 있는 과정으로 읽혔다. 나에게 '연기를 한다'는 행위의 의미가 확고해지자, 잠시 잠깐 소비되고 말 방송인이 아닌 다른 가능성을 상상할 수 있게 되었다.

여전히 '외국인 배우'라는 꼬리표를 벗지 못하고 있지만, 여전히 나의 생김새와 나의 언어가 특정 배역을 맡는 데 방해되지만, 세상엔 아직 내 정체성을 드러내며 내 목소리로 할 수 있는, 아니, 해야만 하는 이야기들이 무척이나 많다. 그리고 이 말이 그 시작일 것이다.

> "나, 여기 이렇게 정말로 존재하고 있어. 아주, 사실적으로 말야."

여자 선배가 필요해

 석사학위를 받은 지 6개월 만에 '다시 학생이 되는 일은 없을 것'이라던 다짐이 처절하게 무너지고, 나는 다시 대학원생이 되고 말았다. 지속적으로 연기할 수 있는 공간을 확보하고 함께 무언가를 만들 수 있는 동료를 만나는 일이 절실히 필요했다. 배운 게 도둑질이라, 아무리 고민해봐도 그 필요성을 충족할 수 있는 곳은 '학교'밖에 떠오르지 않았다. 당연히 떨어질 것이라 확신하며 소리 소문 없이 준비했던 입학시험에 덜컥 합격해버렸고, 정신을 차려보니 어느새 다시 학생이 되어 있었다. 그나마 2회차라 좀더 '슬기롭게' 생활할 수 있을 것이라는 착각도 잠시, 입학과 함께 코로나

시국이라는 전무후무한 일상에 치여 허덕였다.

혼란스러운 것이 코시국만은 아니었다. 온갖 예민한 사람들이 한데 모여 치열하게 토론하고 '우리의 예민함의 의미와 쓸모'를 찾아나가던 사회학과의 '안전함'에 익숙해 있던 나에게 예술학교는 혼란의 연속이었다. 연기는 그야말로 온몸으로 하는 행위라, 나를 있는 그대로 드러내는 것이 안전하다고 느껴야만 가능한 구석이 있다. 그만큼 더 안전해야 할 공간에서 나는 언젠가부터 알 수 없는 두려움을 느끼고 있었다. 내가 참 잘하고 있다고 자부심을 느꼈던 '불편함을 언어화하는 일'이 두려워졌고, 그로부터 의견을 이끌어내거나 서로에 대한 공감과 지지를 만드는 일이 불가능하다고 여겨졌다. 더 심각한 것은 '타인을 예민하게 감각하기'라는 절대 타협할 수 없는 나의 중심이 흔들렸던 것이다. 어느 인터뷰 영상에서 배우 윤여정이 봉준호 감독에게 한 말처럼 나도 "사회학과를 나와서" 그런 것이었을까. "사회학과를 나와서 예민한 시선으로 세상을 보니까" 그런 것이었을까. 정말 "따뜻한 시선으로 세상을 보지 못해서" 그런 것이었을까. 스스로 괴로울지언정 타인과 공존하는 데 필요한 감수성 레이더를 언제나 최대치로 켜고 다니던 나는 이내 번아웃에 도달하고 말았다. 3년 과정의 수료를 앞두고, 진심 90퍼센트가 섞인 농담으로 학교를 벗어나 인류애를 좀 회복한 후에 돌아오겠다고 말하곤 했던 것도 이 때문이다. 정말이지 '세상을 따뜻하게 바라볼 수 있는 시선'이라든가 '사람을 있는 그대로 사랑할 수 있는 마음' 같은 것이 내 안에 더 이상 남아 있지 않은 것 같아 슬펐다. 도무지 잊히지 않는 순간들을 매 학기 새로 마주했으니 그럴 법했다.

예컨대 첫 학기에는 "여배우들은 이십대가 꽃이고 남자 배우들은 삼십대부터가 시작이잖아요?"라는 놀라운 문장을 놀랍게도 육성으로 들은 적이 있다. 안타까운 현실에 대한 비판이 아닌 실제로 그렇게 생각한다는 삼십대 남자 학우의 '순진무구한' 발언이었다. 당시 내가 할 수 있는 최선의 방법이자 기술이었던 뼈 있는 농담으로 대응했지만 큰 수확은 없었다.

내가 가진 문화적 배경에 대한 혐오 발언을 감내해야 했던 때도 있었다. 역시 '지나친 순수함'에서 비롯되는 문제였고, 그 모든 것을 헤아려 겹겹이 인내하고 성찰하며 나의 상황에 대한 진솔한 대화를 시도했지만 상대 집단의 반응이 끝내 순수하지 못해 역시 수확은 없었다. 아니, 수확이 없었다는 말로 퉁 치기에는 이 모든 '사건'에서 상황은 항상 더 나빠졌다. 사과를 원했던 것은 아니었다. 타인의 잘잘못을 가리자는 것은 더더욱 아니었다. 그저 앞으로 이어질 관계에서 나의 안전을 위해, 우리의 공존을 위해 필요하다고 생각한 정당한 요청을 했을 뿐이다. 꽤 어른스러운 방법을 택했음에도 상황은 항상 내가 '별것도 아닌 일에 꼬투리 잡고 늘어지는 사람' 내지는 '불필요하게 부정적인 상황을 만드는 사람'이 되는 것으로 끝났다. 그것은 내가 가장 아끼는 나의 예민함이, 항상 스스로의 안전보다 타인의 안위를 향해 있던 나의 감수성 레이더가, 바른 소리는 해야만 하는 나의 정의로움이, 그리고 거기서 비롯되는 나의 희망이 처절하게 무너져 내리는 경험이었다. 덩달아 나의 '다정'이 바닥나버리는 경험이었다.

그럴 때마다 흔들리는 내게 든든한 토양이 되어주었던 것은 열에 아홉이 여자 동료들 또는 여자 선배들이었다. 세상살이가 내가 생각했던 것보다 훨씬 벅차다고 여겨지는 순간, 그 순간을 바로 알아보고 그것이 나의 잘못이 아님을 주지시켜주며, 나의 예민함과 감수성과 정의로움과 희망을 지켜주었던 '여자'들 말이다. 나의 다정을 믿어주고 붙들어준 여자들. 논리적이지 않은 상대 앞에서 논리적이기 위해 부단히 애쓰고, '분노'라는 자신의 일부를 몸에서 떼어내어 애써 웃음 지으며 목구멍에서 이미 메어버린 말을 꾸역꾸역 뱉어낼 때의 답답함을 언젠가 느껴보았을 여자들.

남자와 여자의 감수성과 공감 능력이 생물학적인 차이에서 기인한다고 말하려는 것은 아니다. 마찬가지로 나의 본질을 흔드는 이들이 모두 남성이었던 것도 아니다. 혐오 발언을 감내해야 했던 그 시절, 상대 집단의 대부분은 여성이기도 했다. 결국 감수성은 경험으로 쌓인다. 상대를 헤아리는 마음은 내가 헤아려지지 못했던 기억이 거름이 되어 만들어진다. 나의 든든한 구원자들의 9할이 여성이었던 이유는 아마 그들의 몸에 쌓여 있을 비슷한 경험들 때문일 테다. 그러니 우리에겐 잘 나가는 여자 선배가 필요하다. 이 모든 것을 이겨

내고 끝끝내 단단해진 여자 선배 말이다. 온전히 뿌리 내려 흔들리더라도 꺾이거나 썩지 않을 만큼의 안전한 토양을 이미 가진, 멋진 여자 선배.

인복 하나만큼은 타고난 덕분에 나에게는 이런 여자 선배가 제법 많다. 첫 만남부터 서로를 알아보았던 그들은 자신의 토양을 기꺼이 나눠주어 나를 언제나 튼튼하고 올곧게 세워주었다. 크게 노력하지 않아도 척하면 척하고 누군가를 이해할 수 있다는 건 참 신기한 일이다. 한 번도 만난 적 없던 우리가 같은 언어로 소통하고 있다고 느낄 때, 부차적인 설명 없이도 서로가 같은 지점을 바라보고 있다는 확신이 가득한 충만한 대화를 나눌 때면 내가 살아온 삶 자체가 위로받는 기분이다. 그런 때면 '다행이야. 내가 이런 사람이라서 참 다행이야' 하고 되뇐다.

졸업 공연 뒤풀이 때의 일이다. 창작자로서의 정체성을 가지고 창작 환경에 대한 이야기를 펼치는 공동 창작 공연이라 배우와 스태프들이 함께 둘러 앉아 자기 이야기를 하는 시간을 꽤 오래 가졌다. 전문사(석사)

학생들과 예술사(학부) 학생들이 고루 섞여 있는 공동체였고, 편안하고 자연스러운 분위기에서 가벼운 이야기부터 깊은 이야기까지 안전하게 나눌 수 있었던 의미 있는 시간이었다. 무엇보다 서로 이야기를 경청했다. 코로나 때문에 연습 시간이 20회로 제한되어 실질적인 친밀감을 쌓을 시간은 부족했지만, 함께 나누었던 깊은 이야기들 덕에 내적 친밀감이 한껏 고양되어 있었다. 공연이 끝나고 뒤풀이에서 예술사 후배 하나가 조심스레 말을 꺼냈다. "언니들이 내 롤모델이야!" 그 말을 듣고 동갑내기 전문사 배우와 함께 얼굴을 붉히며 눈을 마주치곤 머쓱하게 웃었다.

후배는 자신의 이야기를 이렇게 경청해주는 사람을 만난 적이 없다고 했다. 그런데 우리는 그 이야기를 들어주는 것에서 끝내지 않고, 그 이야기를 더 구체적으로 언어화해주었다고 했다. 별것도 아닌 일에 예민하게 군다는 가스라이팅을 이미 체화해버린 나머지 자신이 느끼는 감정들이 정말 별것 아닌 줄 알았다고 했다. 그래서 예민함을 드러내야 할 때조차, 마치 별것 아닌 것처럼 표현하는 데 익숙해졌다고 했다. 자신의 감정을 자신부터 정당한 것으로 받아들이지 못했기 때문에 상대에게는 더더욱 가닿을 리 없었고, 당연히 자신의 이야기는 항상 가볍고 가치 없는 것으로 묵살됐다고 했다. 이야기를 듣다가 눈물이 핑 돌았지만, 꾹꾹 눌러 담았다. 별것 아니라며 묵살하던 자신의 살아 있는 감각들이 사실은 '별것'이었음을 똑똑하게 항변하는 우리가 너무 멋있다고도 덧붙였다. "언니들처럼 똑똑하게 말하면 좋겠어." 그 말에 눈물이 날 뻔했던 이유는 그것이 나의 과거 언젠가의 감각과, 어쩌면 지금까지도 나를 괴롭히는 스스로에 대한 의심과 너무도 흡사했기 때문이다.

여자 선배가 필요하다며 멋진 여자 선배들을 동경하던, 그들의 존재 자체로 위로받던 나의 모습이 떠올랐다. 그간 한 번도 가져보지 못한 이상한 책임감을 느꼈다. 나 또한 내가 동경하던 잘 나가는 여자 선배가 되어야 할 것 같았다. 감히 그럴 수 있을 거라고 생각조차 해보지 못했던, 존재 자체로 위로가 되는 그런 단단한 토양을 가진 사람이 되어야겠다고 다짐했다. 여자들이 단단해져야만 별것 아닌 게 아닌 일들이 별것 아닌 것으로 치부되지 않을 것이다. 그리고 누군가가 별것 아니라고 말하는 그 '별것'들을 당당하고 발칙하게 발화해야겠다고 생각했다. 내가 가장 아끼는 나의 예민함과 언제나 타인을 향하는 감수성 레이더와 때때로 불편함을 주는 정의로움과 그로 인한 희망과 끝끝내 이런 마음을 품게 만드는 나의 다정. 그 모두를 한껏 지켜내야겠다고 생각했다.

그러다 불현듯, 2년여 전 신혼이었던 오빠네에서 가족 모임을 한 후 돌아오는 차 안에서의 일이 떠올랐다. 운전을 하던 오빠가 장난기 가득한 얼굴로 곧 태어날 조카의 성별이 무엇이면 좋겠는지 물었다. 엄마가 뭐라고 답할지 뻔히 알면서 굳이 두 여동생 앞에서 물었어야만 하는 질문인지 삐딱한 마음이 올라왔지만 잘 참아 넘겼다. "건강하면 됐지, 성별이 무슨 상관이야." 잠깐의 정적을 깨고 분위기를 수습하기 위해 아빠가 덕담을 했다. 아니나 다를까 아빠의 말을 가로채고 엄마가 항변했다. "그래도 남자아이는 다르지." 엄마 입장이야 익히 알고 있었음에도 욱하는 감정과 삐딱한 마음을 이번엔 참을 수 없었다. 나의 가장 가까운 '여자 선배'였을 엄마가 한 명의 남성 자녀와 두 명의 여성 자녀 앞에서 그렇게 말하는 것이 내내 서운하고 못마땅했다. 나도 모르게 코웃음을 치며 목구멍에 메어 있던 말을 밖으로 밀어냈다. "어, 나도 남자아이였으면 좋겠네. 이래서 여자로 살기가 조올-라게 힘들거든. 애가 크면서 힘들 거 생각하면 그냥 아무 생각 없어도 괜찮은 남자인 게 낫지 않겠어?" 순식간에 차 안의 분위기가 가라앉았다. 오빠는 운전을 하면서 화두를 왜 그리로 트냐며 화를 냈고, 동생은 고개를 숙인 채 몰래 웃었다. 엄마는 마치 나의 말을 논리적으로 반박할 수 있다는 듯이 나름의 논리를 펼쳤던 것 같지만 전혀 인상적이지 않았고, 덕담에 실패한 아빠는 여기저기 눈치를 봤다.

그로부터 몇 년이 흐른 지금, 나는 두 여자아이의 고모다. 몇 달 전, 둘째 조카도 여자아이로 태어났기 때문이다. 이제 다시 생각한다. 두 여자 조카에게 나는 어떤 여자 선배가 되어야 할까? 어떤 든든한 토양이 되어야 할까? 그들이 멋진 여자 선배를 굳이 필요로 하지 않는 세상에 살았으면 하지만, 그와 별개로 섬세하고 정의로웠으면 좋겠다. 그들이 살아갈 세상이 그들의 다정을 위협하는 곳이 아니었으면 하지만, 동시에 타인을 향한 감수성이 풍부했으면 좋겠다. 타인의 마음을 헤아릴 줄 아는 사람이 되었으면 좋겠지만, 타인에게 헤아려지지 못하는 경험은 하지 않았으면 좋겠다. 이 아이러니에 쉽사리 대답하지는 못하겠다. 그래서 오늘도 그저 질문할 뿐이다. 두 여자 조카에게 나는 어떤 여자 선배가 되어야 할까?

공평, 부질없고 하찮은

저녁을 시켜 먹고 친구에게 밥값을 보내려는데 갑자기 메신저 페이가 먹통이었다. 은행 점검 시간까지 아직 한참 남았는데 낮까지 멀쩡히 사용하던 페이가 안 되니 아득해졌다. 페이가 내 삶에 얼마나 깊숙이 들어와 있었는지 떠올리는 것만으로도 아득해지기에 충분했다. 온갖 송금이며 결제를 페이로 해결하는 지극히 평범한 현대인이 나만은 아닐 테니 더욱 그랬다. 이제는 송금을 위해 계좌번호를 묻는 것마저 번거로운 일이 되어버린 세상이기에 친구에게 내일 페이 고객센터에 연락해 오류를 해결하고 송금해주겠노라고 약속했다. 나만큼 충실한 고객의 페이가 어떤 통보도 없이 갑작스레 사용 중지되다니, 보기 드문 전산 오류일 것이라 확신했다.

　다음 날, 10시부터 6시까지 밥 먹을 시간도 없이 수업이 빼곡한 터라 9시에 집을 나서며 당당히 고객센터에 전화를 걸었다. 상담 직원은 사용 중지 처리가 됐지만 이유는 알 수 없다며 담당 부서에 전화 요청을 해놓겠다고 했다. 상담 직원이 어찌해줄 수 없어 안타까워하는 눈치였기에 나도 아주 고상하고 친절한 현대인을 연기하며 10시 이후에는 전화를 받을 수 없으니 그 전에 꼭 연락 달라고 간곡히 부탁한 후 전화를 끊었다. 나란 인간의 하찮은 친절에 과도하게 감탄한 지 30분가량 지났을까. 지하철에서 나와 털레털레 학교를 향해 걷는데 전화가 왔다.

　전화를 준 담당 직원은 모든 문장에 '국적'이라는 단어를 두 번 이상 사용했는데, 말투가 독특하다고 느껴질 만큼 그 단어만 유독 힘차게 발음했다. 예를 들면 이런 식이었다. "고객님의 국적이 터키라서 국적 때문에 페이 사용이 불가합니다." 다짜고짜 이 무슨 차별적인 문장인지 헤아릴 수 없어 "국적 때문에요?"라고 반문

하면 "네, 고객님뿐만이 아니라 터키 국적을 가진 모든 분들이 국적 때문에 페이 사용이 불가합니다"라고 하거나, 내가 터키 국적을 가지고 있었던 것이 하루이틀 일이 아닌데 싶어 "잘 사용하고 있었는데 갑자기요?" 하고 물으면 "네, 터키가 최근에 국제 금융 협약을 지키지 않겠다고 선언하면서 금융거래 위험국으로 분류되었고, 때문에 페이 회원 정보에 국적을 터키라고 등록하신 모든 터키 국적 고객님들의 페이 사용이 중지된 상황입니다"라고 하는 식이었다. 직원의 그 이상하게 논리적인 것 같으면서도 어법에 맞지 않는 말투가 묘하게 납득이 갔다. 국적 때문에 나의 지속적인 거래 신용도와 상관없이 페이 사용이 갑자기 중지될 수 있다는 이 황당한 상황을 전달하기에 최적화된 말투라고나 할까. 자기도 이런 말을 하고 싶지 않지만 어쩔 수 없다는, 무언가 내가 읽어내주길 바라는 숨은 뜻이 있는 것만 같았다.

직원의 말투 때문이었을까. 아니면 그 말투에 대한 나의 적절한 해석 때문이었을까. 그것도 아니면 '터키 국적'이라는 귀속된 정체성이 내게 갖는 의미가 새삼

우스웠기 때문이었을까. 갑자기 웃음이 났다. 어라? 웃을 일이 아닌 것 같은데 내가 왜 이러지? 화가 나야 정상인 상황인데 왜 이렇게 웃지? 하면서도 웃음을 멈출 수 없었다. 그것은 쓴웃음도 아니었고, 억지웃음도 아니었다. 숨기려고 해도 자꾸만 전화기 너머로 새어 나가는 웃음에 나도 당황하고 직원도 적잖이 당황한 눈치였다. 때문인지 국적을 귀에 때려 박는 것만 같은 그의 말투가 한층 강해졌다. "(웃음을 애써 참으며) 그럼 전 페이를 사용할 수 없는 건가요?" 하면, "네. 고객님의 국적이 터키이기 때문에 국적을 이유로 페이가 제한되는 한 터키 국적자인 고객님은 터키 국적을 가졌기 때문에 국적을 이유로 페이를 사용할 수 없으세요"라고 답이 돌아오는 식이었다. 꼭 고장 난 로봇 둘이 대화하는 느낌이었다.

전화를 끊고도 '국적'이라는 말이 귓가에서 떠나지 않았다. 그럼에도 웃음이 멈추지 않았다. 분명 그 어느 때보다 직접적인 차별의 언어였다. 너무 직접적이어서 외려 장난 같이 느껴질 만큼 선명한 언어였다. '당신의 국적 때문에 서비스를 제공할 수 없다'는 말은 다시 생각해도 무시무시하다. 페이 정도야 가볍게 넘어갈 수 있지만 '국적 때문에 안 된다'는 말 자체를 가벼이 넘겨선 안 될 것 같았다. 그럼에도 웃음을 참지 못하고 있는 내 상태가 심히 이상했다. 그 웃음을 무어라 명명해야 할지는 여전히 잘 모르겠다. 여러 가지가 복합적으로 치고 들어와서 무장 해제된 기분이었다. 하나를 참으면 다른 데서 터져 나오고, 터져 나온 구멍을 어찌어찌 메우면 예상치 못한 구석에서 또 터져버리는 식이었다.

우선 터키가 국제 금융 협약을 지키지 않겠다고 선언했다는 사실이 웃겼다. 정상 국가가 아닌 지 꽤 오래되었으니 그랬다고 해도 전혀 이상할 일이 아니었다. 그 사실이 웃겼던 이유는 그 순간 내가 아무 거리낌 없이 그 사실을 수긍해버렸기 때문이다. 마치 '옆집 강아지가 오늘은 산책 나가서 응가를 두 번 했다더라'와 같이 대수롭지 않은 문장쯤으로 받아들이고 있었다. 그러다 또 국제 협약을 지키지 않겠다고 공공연하게 선언한 그 무시무시한 나라가 바로 우리나라라는 것이 웃겼다. '우리나라'라는 단어를 머릿속으로 곱씹으며 그 단어가 나에게 너무도 어색하다는 것을 다시 깨달았다. 다르게 표현한다면 어떤 문장이 적절할지 고민했다. '나는 그 무시무시한 나라의 여권을 가지고 있다' 정도가 적절할 듯하다. 거기까지 생각이 미치자 한층 흥미진진해졌다. 지적 호기심이 잔뜩 자극을 받아 머릿속에선 한창 폭죽이 터지고 파티가 시작됐다.

이 일이 왜 내게 흥미진진한가에 대해 이야기하려면 설명해야 할 몇 가지 쟁점이 있다. 내가 가진 터키 여권이 무용지물의 종이 책자에 불과하다는 것이 첫 번째 쟁점이다. 아주 가볍고 간략한 언어로 터키의 상황을 짚고 넘어가면 이렇다. 터키가 정상 국가가 아닌 지 꽤 된 그 시간 동안 '에르도안'이라는 독재자가 정권을 장악하고 있다. 에르도안은 초반 임기 동안 큰 지지율을 얻어 합법적으로 정권을 잡았다. 세 번의 연임 동안 차츰 '무언가 해먹기' 시작했다. 물론 언론을 통제하고 다양한 담론을 활용하며 이 사실을 철저히 숨겼다. 더 이상 연임이 불가능하자 의원내각제를 대통령제로 개헌하고 대통령이 됐다. 그렇게 해서 무려 2003년부터 지금까지 '왕좌'에 앉아 있다. 이 과정에서 미처 돈과 권력에 의한 폭력으로 통제하지 못한 언론사가 있었다. 그곳은 경제적 사익을 목적으로 하지 않는 재단에 기반을 두고 있었기 때문에 그의 만행을 목숨 걸고 보도했는데, 에르도안은 그 사실이 거슬렸다.

결국 에르도안은 거슬리는 것들을 한 번에 정리할 수 있는 '자작' 쿠데타를 벌였다. 터키는 쿠데타에 대한 역사적 트라우마가 있는 국가이기 때문에 확실한 수단이 될 것이었다. 그렇게 2016년 7월 15일, '저녁 8시'라는 이상한 시간에 탱크가 이스탄불과 앙카라의 시내 한복판으로 들어오기 시작했다. 쿠데타를 해본 경험은 없지만(!) 만약 쿠데타를 벌인다면 아무것도 모르는 나 같은 사람도 절대 선택하지 않을, 그야말로 상식적이지 않은 시간이다. 아무도 제지하지 못할 새벽에 탱크가 몰래 들어와 언론사와 국회를 장악하고 해가 뜰 즈음 군사정권을 선포하는 것이 일반적인 수순일 텐데 말이다. 모든 역사의 경험이 이를 증명하고 있을 뿐 아니라, 사람이 없어야 탱크가 들어와도 문제가 없을 텐데 이 상식을 지체 높은 양반들이 모를 리 없지 않은가. 저녁 8~9시에 거리에 있던 국민들은 탱크를 막아선 용감한 시민이 되었고, 분위기는 자연스럽게 고취되었다. 에르도안이 원하던 그림 그대로였다. 그리고 단 하루 만에 쿠데타의 배후에 앞서 말한 재단이 있다고 공표됐다. 상식적이지 않은 연결고리였지만, 그 하루를 기점으로 재단과 관계된 언론사를 비롯한 모든 기관이 하나씩 문을 닫았다. 그와 관련된 일을 하던 수많은 사람은 당장 일자리를 잃었을 뿐만 아니라 재산을 몰수당하기도 하고 구금되기도 했다. 눈엣가시 같은 존재들을 한 번에 쳐낼 수 있는 구실을 만든 에르도안은 마음에 안 드는 모든 이를 재단과의 연결고리 유무에 상관없이 모조리 '테러 조직'이라 낙인찍고 제지할 수 있게 되었다. 친히 'FETO(페토)'라고 조직 이름까지 지어 붙였다. 이 말도 안 되는 일이 무려 2016년에 실제로 벌어졌다.

이후 에르도안이 더 이상 눈치 볼 필요 없이 마음껏 '해먹을 수 있는' 환경이 만들어졌고 덕분에 최근 달러화 가치 인상과 별개로 터키의 인플레이션은 200퍼센트 이상 치닫고 있다. 전부터 조짐이 보이긴 했지만, 자작 쿠데타 이후 본격적으로 터키는 정상 국가가 아니었다. 그리고 지금도, 사람들이 굶어 죽기 직전의 현실을 뒤로 하고 계속 '해먹기 위해' 에르도안은 국명을 '튀르키예'로 정정 표기한다는 등의 프로파간다를 펼치는 중이다. '국제사회에서 우리가 본래 우리의 이름을 되찾았다'는, '우리가 이제는 그만큼 힘이 강한 나라'라는 식의 프로파간다 말이다. 그리고 충격적이지만 그게 사람들에게 먹히고 있다!

내 여권이 그저 무용지물 종이 책자인 이유는, 아버지가 바로 그 재단에 소속되어 있기 때문이다. 불행 중 다행으로 아버지는 자작 쿠데타 사건이 벌어지기 직전, 점점 상황이 나빠지는 터키에서 더 이상 살 수 없음을 직감해 다시 한국으로 입국했고 그렇게 다시는 본국으로 돌아가지 못하는 블랙리스트가 되었다. 아버지는 모든 네트워크가 재단에 걸쳐 있는 종교인이다. 어린 시절 알던 아버지의 친구들 모두 터키를 떠났거나 떠나지 못해 옥살이를 했거나 하고 있는 중이다. 고문을 당해 트라우마를 겪고 있는 분들도 적지 않다. 주한 터키 아니, 튀르키예 대사관에서는 아버지와 어머니는 물론 그 자식들의 기본 업무마저 봐주지 않는다. 간단한 가족관계증명서, 또는 국적을 증명할 주민등록확인서와 같은 서류를 떼는 것마저 불가능하다. 심지어는 여권을 빼앗겨 국적을 여권으로 증명하는 게 불가능한 상태가 될 수 있다는 두려움을 안고 출입해야만 하는 숨 막히는 공간이 되었다. 이것이 내 터키 여권이 아무 의미 없는 종이 책자로 여겨지는 이유다.

그런데 무용지물 종이 책자를 가지고 있다는 이유가 곧 메신저 페이를 사용할 수 없는 이유가 되어버렸다는 것이 너무 아이러니해서 웃음이 난다. 무용지물 종이 책자가 한결 무용해졌다고 봐야 할지, 아니면 종이 책자가 내게 가하는 억압이 한결 강력해졌다고 봐야 할지 혼란스러웠다.

여기서 두 번째 쟁점이 등장한다. 내게 터키 국적이란, 그러니까 무용지물 종이 책자를 가지고 있다는 사실은 지켜야 할 나의 정체성이 아니라 내가 벗어나고 싶은 억압이자 굴레였다는 사실을 또렷하게 인지하게 됐다는 것이다. 외국 여권을 가지고 한국 사회에서 살아간다는 것 자체가 가져다주는 불편함은 이미 오랜 시간 동안 몸에 축적되어 있었다. 그런데 최근 들어 본국에서조차 나는 더 이상 환영받지 못하는 존재라는 사실에 대한 공허함이 커졌다. 무용지물 종이 책자는 사실상 나를 보호해주기 위한 것이 아니라 나를 낙인찍기 위한 것이라는 인식이 마음속 깊이 뿌리내렸다. 페이는 아주 일상적으로 쓰이는 것인데, 그 일상조차 누리지 못한다는 점이 깊게 뿌리내리고 있던 나의 (무)의식을 피부로 느끼게 하는 계기가 됐다. 그래서 세 번째 쟁점으로 생각이 옮겨가기 전까지 아주 짧은 시간이었지만 조금 서글펐다.

세 번째 쟁점은 '옆집 강아지가 산책 나가서 응가를 두 번 한' 것과 같은 아주 하찮은 사실이 나에게 미치는 영향력을 실감했다는 것이다. 그 하찮음을 겨루기 위해 하필 저런 문장이 떠올라서였을까? 옆집 강아지는 귀엽기라도 할 텐데, 에르도안은 귀여운 구석이라곤 한 개도 없다. 그럼에도 그가 밥 먹듯 하는 일이 이제는 그와 물리적으로나마 멀리 존재한다고 여겼던 내게까지 영향을 미칠 수 있다는 사실이 새삼스러웠다. 내가 애써 외면하던 현실을 마주한 것 같았다. 세 번째 쟁점이 스치던 찰나에 함께 터져 나온 네 번째 쟁점은 아이러니하게 공평함에 대한 감각이었다. 조금만 비틀어서 생각하면 이제 공평해진 것이었다. 독재정권의 블랙리스트인 누군가와 독재정권에 눈감거나 힘을 실어주는 누군가가 페이 앞에서만은 공평하게 그것을 사용할 수 없게 됐다. 내가 가진 무용지물 종이 책자와 저이가 가진 권력의 상징인 종이 책자가 비로소 동등해졌다. 그야말로 하찮은 공평함이다. 권리를 누리지 못한다는 공평함으로 동등해졌다고 여기다니. 권력의 상징을 가진 저이는 애초에 페이를 사용할 필요가 없는 사람일 확률이 더 높을 텐데 그것을 공평으로 감각하다니.

'누리지 못하는 공평함'에 대한 감각이 썩 기분 좋은 것은 아니었으나, 그로 인해 파생되는 공평함에 대한 본질적인 질문들로 머릿속에서 파티가 시작됐으므로 기분이 나쁘지만도 않았다. 어쩌면, 언젠가 마주해야 했을 현실을 페이 정도의 가벼운 소재로 마주하는 것도 나쁘지 않은 듯했다. 조금 불편하겠지만 까짓것, 이렇게 흥미진진하게 나의 문제를 언어화하고 가볍게 질문을 던질 수 있게 된 것의 대가치곤 퍽 괜찮다. 그 문제에 휩쓸려 정신을 차릴 수 없는 상태가 아닐 수 있어서, 한 발짝 멀리 떨어져 적당한 거리를 두고 지켜볼 여유가 있는 문제여서 다행이다. 그로 인해 조금 더 단단해진 느낌이다. 어쩌면 나를 휩쓸 문제와 마주하더라도 이날의 웃음과 질문들을 떠올릴 수 있을 것 같아서. 그러고 나면 그 문제도 조금은 편히 바라볼 수 있을 것 같아서. 부쩍 어른이 된 것 같은 이상한 뿌듯함을 안고, 가벼운 미소를 지으며 친구에게 톡을 보냈다. 설명할 엄두가 나지 않는 무수한 맥락들을 그저 하찮은 한마디에 담았다.

"페이가 안 되기로 했대. 계좌번호를 알려다오."

우아하게, 절박하지 않게

세상살이가 고단하다고 여겨지는 순간들이 있다. 요즘 말로 하면 '현타가 씨-게 오는' 순간들이다. 익히 알던 것에 새삼스럽게 당하고, 새삼스럽게 억울함이 밀려온다. 이 시스템이 앞으로도 딱히 변하지 않을 것임을, 작은 생채기조차 나지 않을 것임을 안다. 나는 또 불가항력으로 그 시스템에 얽매어 새삼스럽게 같은 일을 당하고, 억울해할 것이라는 점도 잘 안다. 그래서 더더욱 '현타'가 온다. 절박하게 매달리고 싶지 않은 것이 어느새 현실이 되어 내 눈앞에 펼쳐져 있다. 어찌할 수 없는 힘 앞에 질척거리는 쪽이 내가 되지 않으려 애쓰고, 자존감을 지키며 살아왔다고 생각했는데, 쓸데없이 절박했던 모양이다.

  프리랜서 배우라는 불안정한 노동시장에서 틈틈이 할 수 있는 부업을 찾던 중, 아이들을 위한 돌봄을 제공하는 서비스 어플을 발견하고 호기롭게 선생님으로 등록했다. "동화책 읽어주고, 줄넘기 가르쳐주며 돈 벌어요"라는 카피가 그럴싸하게 다가왔고, 그것이 외국 영화에서나 보던 '쿨한 베이비시터'라는 나의 허접한 환상과 겹치면서 적극적으로 하고 싶어졌다. 무엇보다 나는 내가 아이들과 시간을 보내는 것을 좋아한다고 여겼다. 동화책 읽기? 연극하는 사람인데 동화책 하나 신명 나게 못 읽어주랴, 줄넘기? 허! 참! 사람 타고 구르는 아크로바틱도 하는데 줄넘기? 못할 것도 없지. 돌봄 선생님들이 월 400만 원씩 벌었다는 카피는 가볍게 무시했다. 액수보다도 그저 아이들에게 동화책을 읽어주고 함께 줄넘기를 하는 것이 재미있을 것 같았다. 이 일이 내 본업은 아니었으므로 그저 일주일에 두어 번 아이들과 만나며 월 30~40만 원만 벌어도 생활이 윤택해질 것이라 여겼다. 스스로의 소박함에 감탄하며, '돈'에 절박하지 않은 것을 대견하다고 여겼다.

그러나 일주일에 두어 번 아이들과 만나 월 30~40만 원을 번다는 것이 얼마나 '스크루지' 같은 발상이었는지, 또 내가 거기에 얼마나 절박했는지 깨닫는 데는 긴 시간이 걸리지 않았다. 일의 실상은 동화책을 읽어주고, 줄넘기를 가르쳐주는 차원이 아니었다. 내가 원할 때 원하는 만큼 일할 수 있는 기회가 얼마든지 보장될 것 같던 각종 카페는 어느 시점 이후로 어플 어디에도 보이지 않았다. 아이들과 만나는 일이다 보니, 선생님의 자질을 평가하거나 선별하는 몇 번의 절차가 있었는데 그 과정에서 회사가 보장하는 것이 '노동하는 나의 안전'인지 서비스 구매자의 '편의'인지 헷갈렸지만, '상호 신뢰'와 '상호 안전'이 '돌봄'이라는 사적 영역을 자본화하는 것의 기본 원칙이라는 점에서 당연한 수순으로 여겼다. 실제로 선생님으로 등록을 완료하고, 부모들이 올린 모집공고에 지원하면서 이 공간이 나의 환상과 크게 어긋나 있다고 느꼈지만 섣불리 판단하지 않기로, 몇 번 정도는 더 시도해보기로 했다.

우선, 예상했던 대로 구인 공고가 대부분 강남에서 났다. 강남, 서초, 송파에 밀집한 공고에 나와 같은 강북 거주민은 마음먹고 지원해야 하는데다, 대개 두 시간 안팎의 활동이라는 점에서 선뜻 선택하기가 쉽지 않았다. 왕복 두 시간 거리를 두 시간 일하자고 왔다 갔다 하려니 무언가 억울했다. 자꾸만 네 시간 동안 내가 할 수 있는 더 가치 있는 일들이 아른거렸다. 물론 내가 가치 있다고 여기는 그 일들이 당장 '돈'이 되지는 않기에, 이런 억울함은 그저 배부른 소리라고 자책하며 활동을 몇 개 시도해보았다. 그리고 그 시도들에서 돌봄 서비스를 제공하는 나와 그 서비스를 구매하는 이들 모두 만족스럽지 못한 상황이 발생하고 있음을 직관했다. 현실은 아무래도 상상과 달라도 너무 달랐다.

선생님으로 등록하기 전, 나는 내가 받게 될 임금을 정확히 알지 못했다. 알고 보니 가장 흔한 놀이 돌봄의 경우 시간당 12,000원을 받는다고 했다. 12,000원이라면 최저임금보다 조금 높은 수준이었고, 어린아이를 상대로 하는 돌봄에 대한 대가라고 하기엔 애매하게 적다고 느꼈지만, 내가 아직 배가 덜 고픈가 보다며 한 번 더 자책하고 참아냈다. 그런데 알고 보니 놀이 돌봄의 경우 부모들이 실제로 지불하는 금액은 16,000원이었다. 금액에 합당한 서비스를 원하는 구매자의 욕구와 최저시급이 조금 넘는 돈을 받는 내 노동의 가치 사이의 격차에서 발생하는 마찰은 온전히 서비스 제공자인 내가 견뎌야 할 몫이었다. 그깟 4,000원 차이가 부담스러웠다. 12,000원짜리 '대학생 베이비시터'에게 아이의 발달 과정에 대한 정확한 인지와 판단을 요구하는 전문적인 유아 교육을 바라는 일부 구매자의 당당한 태도가 처음에는 이해되지 않았는데, 회사에 지불하는 돈이 16,000원임을 알고 난 후에는 일을 나가기가 꽤실히 곤란해졌다. 나는 내 분야에서 전문성이 있지만, 그것이 아이들의 교육을 위한 전문성은 아니었다. 내가 최선을 다한 관심과 사랑이 부모가 느끼기에는 누구나 할 수 있는 그저 그런 놀이였다. 상대의 내면에 대해 아무리 섬세한 감수성을 지니고 있다고 해도 내가 하루아침에 온 세상 아이들 마음을 척! 하고 알아내고 처방까지 내려줄 수 있는 오은영 박사님이 될 수는 없지 않은가?

    갑자기 서비스 구매자의 편의에 초점이 맞추어져 있던 '선생님 평가/선별 과정'과 16,000원이라는 숫자가 겹치면서 억울함이 치밀었다. 나의 한 시간 노동을 통해 누군가는, 그 노동을 알선해주었다는 이유로 4,000원을 가져가는 자동화된 수급 시스템을 구축해놓은 것이다. 악명 높은 직업 알선 회사의 수수료율과 다를 게 없었다. 직접적으로 재화를 생산하거나 서비스를 창출하는 '노동'이 아닌 행위들, 그것이 노동이 아니라고 말하기는 애매한 운영을 위한 직무, 일종의 '노동을 위한 노동의 흔적'들, 더 정확히 말하면 관리자의 반자동화된 '관리 노동'의 가치가 직접 서비스를 창출(재화를 생산)하는 노동에 대해 4분의 1만큼의 지분을 가진다는 것이 아무리 생각해도 납득되지 않았다. 이 시스템에서 직접적인 재화로서 거래되는 행위는 '돌봄'이라는 서비스 하나밖에 없는데, 관리자의 반자동화된 '관리 노동'이 그 노동을 직접 수행하는 이의 노동보다 결과적으로 훨씬 큰 가치(돈으로만 보자면)를 창출하고 있었다. 수많은 사람의 무수히 많은 한 시간들로부터 4,000원씩을 자동 수급한다는 것의 의미를 다시 생각했다.

무엇보다, 그 시스템 안으로 편입되기 위해 내가 무수히 많이 해왔던 '자책'들을 떠올렸다. '배부른 소리'

라며 자신의 능력치를 깎아내렸던 시간들, 자신에게 다른 의미에서 더 가치 있을 시간을 돈을 위해 당연한 듯 희생했던 순간들. 살아남으려는 절박함으로 '내 주제를 알아야 한다'고 나무라며 한 올 지푸라기임을 알고도 잡고 일어서려 했던 찰나들. 결국 자본주의라는 시스템은 이렇듯 무수히 많은 자책과 깎아내림 위에 뿌리내리고 있는 것 같아 잠시 씁쓸해졌다.

알지 못했던 세계도 아니었고, 처음 겪는 세계도 아니었다. 내가 성인이기 훨씬 전부터, 태어나기도 훨씬 전부터 존재해왔던 시스템이다. 내가 성인이 되어 간접적으로 경험하고 기억하는 것만도 수두룩하다. 멀게는 대학교 1학년 때 재능교육 사옥 앞에서 시위하던 노동자들을 만난 적이 있다. 가깝게는 대학에 다니던 내내 학교 안팎에서 청소-경비 노동자들이 하청 업체를 끼는 고용 형태에 반대하며 학교와의 직접 고용관계를 요구하던 농성에 친구들과 여러 번 동참했다. 벌써 10여 년 전의 일인데, 이 세계는 아주 조금도 변하지 않았다. 아니, 변하지 않았다고 하기에 이 세계는 속절없이 거대해지고 일상화되었다. '부업'이니, '프리랜서 마켓'이니

하는 그럴싸한 언변으로 인터넷이 시장의 중심이 되면서 판이 걷잡을 수 없이 커지고, 누구도 함부로 반역할 수 없게 되었다. 내가 원하지 않아도 선택할 수밖에 없어진 것이다.

어쩌면 이 글을 읽는 누군가는 내가 느끼는 씁쓸함에 공감하지 못할지도 모르겠다. 그 현실이 너무나 실질적이고 일상적인 틀이어서 도대체 어느 지점에서 타격이 왔는지 이해하지 못할지도 모르겠다. 이 세계가 돌아가는 메커니즘을 구체적으로 읽어냈다면, '씁쓸하다'는 둥 '현타가 온다'는 둥 하는 글이나 쓰며 선비놀음을 하고 있을 것이 아니라 '반자동화된 관리자 노동'을 할 수 있는 또 다른 판을 꾸리는 것이 합리적인 선택일 수도 있다. 나라는 사람은 이래서 문제다. 거기서 한 발짝을 나아가지 못한다. 도무지 동참하고 싶지 않은 거사다. 어쩌면 내가 느끼는 타격의 근원은 '동참하지 못하는 마음'일지도? 그러니 쓸데없더라도 선비놀음은 해야겠다. 세상이 바뀌지 않으리라는 것쯤은 안다. 그러나 나만큼은 누군가의 절박함을 이용해 나의 배를 불리는 일을 하고 싶지 않다.

어쩌면 아이들과 만나는 일은 계속할지도 모르겠다.

절박함을 이용당하지 않는 선에서 아니, 정신승리 같기도 하지만 전혀 절박하지는 않게.

나를 증명하는 방식

 배제와 억압의 기억은 쉽게 사라지지 않는다. 비참함이 치밀어 올라 어린아이보다 더 순수하게 울어본 경험은 그렇게 쉽게 잊히지 않는다. 어떤 기억의 파편들은 떠올리기만 해도 내내 절벽에서 떨어지는 것같이 홀렁, 마음을 뒤흔든다. 나는 내가 충분히 강하다고 생각했는데, 그런 순간을 마주하면 속절없이 무너지고 만다. 이 글은, 오랫동안 묵혀두었던 그 순간들을 용기 내어 마주하는 작업이다. 아직도 어떤 목적으로 그 이야기들을 꺼내야 할지 모르겠다. 충분히 극적이긴 하지만, 그저 극적인 경험을 나열한 후 힘들었다고 말하는 것으로 끝나지는 않았으면 하는 바람이 있다.

한국예술종합학교에 입학원서를 내던 때의 일이다. 입시요강을 보고 몇 가지 확인해야 할 사항이 생겨 문의 전화를 걸었다. 지독한 내향형(I)인 나는 한때 '전화 울렁증'을 앓았을 만큼 모르는 사람과의 통화를 즐기지 않는다. 스크립트를 구성하고, 여러 번의 심호흡 끝에 용기를 냈다. 아주 복잡한 안내가 필요한 것은 아니라고 여겼기에 차근차근 질문했다. 답변해주는 입학처 직원의 무척이나 귀찮다는 태도가 마음을 찔렀지만, 끝까지 친절을 유지하며 통화를 끝내려 애썼다. 세 가지 문의사항 중 마지막 질문을 하기 전까지는 감정을 숨기는 데 큰 어려움이 없었다. 분명 마지막 질문도 가볍게 '네, 국적만 적혀 있으면 돼요' 정도의 안내로 끝날 거라고 여겼다. 그러나 여기서 문제가 생겼다.

외국인 전형 모집 요강의 필수 제출 서류 목록에는 '본인 및 부모의 국적증명서'가 있었다. 통상 모집 요강에는 '국적을 입증할 수 있는 문서'와 같은 부연 설명이 있기 마련인데, 괄호 안에는 '중국 국적자는 호구부'라는 아주 구체적인 서류를 지칭하는 요구 사항이 적혀 있었다. 이것이 국적을 증명할 수 있는 다양한 종류의 문서인지, 정말 '국적증명서'라는 이름의 특정 서류인지 알기 어려웠다. 미국은 특수한 정치 상황 때문에 시민권 증서가 있다지만, 보통 국적증명서는 '여권' 아니던가. 게다가 중국만 따로 명시하여 호구부로 대체할 수 있다는 부연 설명이 마음에 걸렸다. 터키에는 가족관계와 국적, 혼인 여부 등을 한번에 증명할 수 있는 '주민등록기록서(쉽게 말하자면 한국의 '등기부등본')'가 있을 뿐 국적증명서라는 건 없었다. 이미 가족관계를 증명하기 위해 준비해갈 서류가 내가 꾸린 목록 안에 있었기 때문에 이것으로 대체 가능한지 묻고 싶었다.

나는 상황을 아주 명료하고 친절하게 설명했다. 그러나 돌아온 답변은 예상 밖이었다. "아니요, 국적증명서가 있어야 해요." 어라? 이게 아닌데. 순간 당황했지만, 의사소통이 제대로 되지 않았다고 여기고 빠르게 플랜비로 노선을 변경했다. "아, 그럼 어떤 서류를 드리면 될까요? 보통 국적증명서라고 하면 여권인데……. 여권 사본은 이미 제출해야 하는 서류 목록에 있고…… 터키의 등기부등본에 해당하는 주민등록기록서가 아니면 한국 법무부에서 외국인임을 보증해주는 '외국인등록사실증명서'도 제출할 수 있어요. 거기에도 저와 부모님의 국적이 터키라고 적혀 있거든요. 필요하면 이중 삼중으로 국적을 보여드릴 수 있는데, 그렇게 하면 될까요?" 몇 년 전의 일임에도 불구하고 아주 분명하게 기억하고 있다. "하…… 학생! 국적증명서가 있어야 해요." 그간 이유를 알 수 없는 직원의 짜증을 과중한 업무 탓이라 여기고 넘어가려 했지만 이번 한숨은 도무지 이해할 수 없었다. 아무리 곱씹어도 내가 진상 같은 요구를 한 적은 없다.

"그러니까…… 제 국적이 터키인데, 터키에는 국적증명서라는 서류가 따로 없어요. 그래서 국적을 증명하는 데 일반적으로 사용되는 여러 가지 다양한 서류들을 한꺼번에 가져다드리겠다고 한 거고요. 그런데……." 직원이 또다시 한숨으로 나의 말을 끊기 전까지 이성의 끈만큼은 부여잡고 있었다. 그런데 곧 이성이 무너지고 말았다. 그럼에도 최대한 감정을 억누르고 전화기 너머의 직원을 대하려 애썼다.

"하…… 학생! 다른 학생들은 다 국적증명서 가져오

는데 학생만 왜 이래요?"

"아, 그럼 혹시 터키 국적의 학생들이 제출하는 서류가 뭔지 알 수 있을까요?"

"그걸 제가 어떻게 알아요?"

"그러니까 국적증명서가 저희 나라에는 아예 존재하지 않는다니까요? 국적을 증명할 수 있는 다른 이름의 서류가 있는데 그건 안 된다면서요?"

"……"

"국적증명서라는 스페시픽한 이름의 서류가 아니라, 말 그대로 국적란에 '터키'라고 찍혀 있는 여러 가지 공문서를 이중 삼중으로 제출해 국적이 터키임을 증명하면 될지 여쭤보는 건데 그게 안 된다는 거예요, 지금?"

"네, 안 돼요"

"……아니 그럼 그 서류가 없는 국가의 학생들은 아예 지원을 못하나요? 국적증명서라는 서류는 범국가적인 서류가 아닌데요?"

"……"

"그럼 한국인은 국적증명서 뽑아오라고 하면 무슨

서류를 제출해요? 결국 국적증명서가 여권 아닌가요?"

"한국에 국적증명서가 있지 왜 없어요?"

"······."

더 이상 대화가 불가능하다는 사실을 깨닫고 혹시 내가 모르는 서류가 있을지도 모른다는 생각에, "그럼 제가 좀 더 알아보고 연락드릴게요" 하며 전화를 끊었다. 그리고 검색을 통해 한국에는 정말 '국적증명서'가 있다는 걸 알게 됐다. 하지만 전혀 다른 맥락의 문서였다. 한국 국적을 추후에 취득한 귀화자에게만 발급되는 서류였던 것이다. 정확한 이름은 '국적(취득)증명서'였다(실제로 '취득'이 저렇게 괄호 안에 적혀 있었다). 한국에도 국적증명서가 있다며 쏘아붙이던 직원이 떠올라 헛웃음이 났다. 이어진 검색을 통해 터키에도 역시 국적증명서는 따로 없다는 사실을 확인했다. 현지어로 관련 기관의 모든 서류 서식과 민원 서식을 하나하나 조사해서 얻어낸 결론이었다.

충분한 자료 조사 후, 다음 날 다시 입학처에 전화를

걸어 문의했다. 터키에는 국적증명서가 존재하지 않음을 단호하게 명시하며 이 경우 대체할 수 있는 문서를 알려달라고 했다. 내가 제출할 수 있는 서류의 종류 또한 여러 번 반복적으로 설명했다. 본국의 주민등록기록서와 한국 법무부에서 발급해주는 외국인등록사실증명서, 터키 여권 사본, 터키 신분증 사본, 한국의 외국인등록증 사본 등 말이다. 그러나 짜증 섞인 직원의 답변은 그대로였다. 여전히 막무가내로 쏘아붙였다. 아무리 입장을 헤아리려고 해도 국적증명서를 고집하는 이유를 도무지 알 수 없었다. 이미 자신이 내뱉은 말을 번복할 수 없어 자존심을 세우는 것일까? 국적증명서가 존재하지 않는 국가의 국적자가 지원할 수 없는 것은 명백한 인종차별임을 언급하며, 지금까지 매해 외국인전형 입시가 있었다면 대체 가능한 문서가 있었을 테고, 대체 가능한 문서를 강구하는 것 또한 입학처 직원의 업무임을 조심히 이야기했지만 별 소득이 없었다. 기나긴 실랑이 끝에 직원이 또다시 깊은 한숨을 쉬며 "하…… 잠깐만요! 담당자 바꿔드릴게요!" 하고는 전화를 돌려버렸다.

지금껏 통화했던 직원이 담당자가 아니었다니 황당했다. 전화를 받은 남자 직원은 다짜고짜 왜 자기 직원을 괴롭히냐는 듯 강한 어조로 응대했다. 그럴수록 나는 더 명랑하게 인사하고는 다시 차분히 나의 상황을 정리하여 설명했다. 앞선 직원과의 언쟁에서 일었던 감정을 내비치지 않으려 애썼다. 그럼에도 그는 단단히 화가 났다는 것을 강조하며 선전포고하듯 말했다. "학생! 그럼 학생이 방금 말한 거 다 가져오세요! 그리고 한국 국적이 상실됐다는 증서도 같이 제출하세요." 이게 무슨 소리인가 싶었다. 대단히 큰 오해가 있어 보였다. "오해하신 것 같은데, 저는 한국 국적을 가져본 적이 없는데요?" 불필요하게 흥분하며 그의 태도에 지고 싶지 않아 훨씬 여유롭게 말했다. "암튼! 부모님 것도 가져오세요!" "부모님 서류도 제출해야 하는 건 알고 있어요." 초등학생 말다툼 같은 몇 개의 문장이 오간 후 그는 "영사 직인 받아오시고요"라는 짧고 단호한 한마디를 내뱉었다. 아마도 그는 그 말의 파장을 미처 몰랐으리라. 나는 어느새 식은땀이 흐르기 시작했지만 티를 내지 않기 위해 "네, 알겠습니다" 하고 전화를 끊었다. 그리곤 한바탕 울음을 터트렸다.

  모집 요강에는 외국 학위와 성적증명서의 경우 아포스티유 공증(한 국가의 문서를 다른 국가에서 법적으로 인정받기 위한 국제 표준 확인 절차로, 터키 문서의 경우 터키 현지에서 아포스티유 공증을 받아오거나, 대한민국의 터키 영사관에서 영사 확인을 받는 것으로 대체할 수 있다)을 받아오라고 쓰여 있지만, 국적이나 가족관계증명서 같은 공문서는 아포스티유를 받을 필요가 없다고 되어 있어 국적증명서 이전에 가장 시급하게 확인했던 것이 이 부분이었다. 터키에서 아포스티유를 받거나 한국에 있는 터키 영사관에서 영사 확인을 받는 것만큼은 피하고 싶었다. 나의 처지에서는 그것이 불가능했기 때문이다. 인터넷 발급민원을 통해 서류를 영문으로 발급받거나, 터키어로 발급받아서 한국의 법무법인에서 번역 공증을 하는 등 보다 복잡한 절차와 큰 비용이 드는 것은 얼마든지 감당할 수 있었지만, 직접 대사관에 갈 수는 없었다. 앞서 이야기했듯이 나는 다름 아닌 터키 독재정권의 블랙리스트였기 때문이다. 정확히 말하면 블랙리스트의 자녀였다. 해외의 터키 영사관에서 서류

한 장 뽑으려다 일가족의 여권을 빼앗겨 졸지에 난민이 되어버린 선례가 주변에 아주 많았다. 아버지의 친구들 대부분이 블랙리스트였기 때문에 이 사실을 누구보다 잘 알고 있었다. 다행히 초중고 전 교육과정을 한국에서 받았기 때문에 특별히 아포스티유 때문에 고생할 일은 없다고 생각하고 안심하던 터였다. 그런데 국적증명서의 대체 서류로 영사 직인을 받아오라는 것은 인터넷 발급 서류로는 이 관문을 통과할 수 없다는 의미였다. 영사관에서 발급받은 서류만 인정하겠다는 의미였다. 언쟁이 있어왔던 전사 때문에 나의 특별한 상황을 어필할 수도 없었다. 내가 블랙리스트라서 영사관에 갈 수 없다는 것만큼 거짓말 같은 진실도 없었다. 설명해봤자 오해만 살 것 같아 가슴이 철렁 내려앉았다. 심장이 빠르게 뛰고 숨이 거칠어졌다. 꺼이꺼이 올라오는 눈물을 수습할 수 없었다.

내가 예술학교에 다시 석사과정으로 진학할 계획이라는 사실을 몰랐던 부모님은 나의 갑작스러운 울음의 이유를 알고는 고개를 푹 숙였다. 굳이 말하지 않을 계획이었고, 설사 말하더라도 이런 방식은 아니었다. 그들이 고개를 숙인 이유가 나의 비밀스러운 계획 때문이 아니라 당신들의 죄책감 때문이라는 걸 알기에 마음이 더 아팠다. 내가 터키를 배경으로 활동했다면 아마 나도 아버지처럼 블랙리스트가 되었을 것이다. 정의를 요구하는 것이 '국가 반역자'로 낙인찍히는 비정상 국가에서 나는 스스로가 블랙리스트, 또는 블랙리스트의 딸이라는 사실이 훨씬 자랑스러웠다. 그래서 더는 부모님의 죄책감을 자극하고 싶지 않아 꾸역꾸역 울음을 삼켰다. 혹여 빼앗길지 모를 여권은 집에 두고, 터키 신분증만 들고 가서 서류 발급을 시도해보겠다고 부모님을 안심시키려 했다. 신분증은 빼앗겨도 크게 문제될 것이 없었기 때문에 대사관에서도 굳이 탐내지 않는 물건이었다. 여기에 희망을 거는 수밖에 없었다.

주말이 지나고, 원서를 제출해야 하는 새로운 한 주가 시작됐다. 아침부터 부랴부랴 영사관으로 향했다. 아무런 문제가 없는 사람처럼 보이기 위해 최선을 다했다. 정치 스파이가 된 것 같아 이 모든 상황이 너무 우스웠다. 엄밀히 말하면 정치범은 맞았다. 아무 잘못이 없다는 것이 문제였지만 말이다. 시치미를 뚝 떼고 신분증을 건네며, 대학원 입학처에 원서를 접수할 예정인데 국적증명서를 가져오라고 해서 한바탕 싸웠다고, 그런 서류가 없지 않으냐고 운을 뗐다. "국적증명서가 여권이지 뭐예요? 웃기네" 하는 영사 실무관의 말에 그저 '보통 사람'인 척 맞장구를 치며, 그래서 주민등록기록서를 떼러 왔노라고, 거기에 국적이 나와 있지 않느냐고 물었다. 나와 부모님의 신분증을 받아 든 실무관은 일단 예약한 사람들 업무가 우선이라, 앉아 있으면 순차적으로 해결해주겠다고 했다. 영사관에 들어설 때 휴대전화를 비롯한 모든 전자기기를 반납한 터라 하릴없이 한 시간가량 앉아서 기다렸다. 그래도 무사히 처리될 것으로 보였기에 내심 안심했다.

그러나 실무관의 상위 계급 공무원, 그러니까 영사로 보이는 여성이 출근하면서 부스 안쪽이 소란스러워졌다. 영사가 직접 부모님과 나의 신분증을 들고나오더니 웃으며 나를 불러 세웠고, 몇 가지 질문을 했다. 한국에 언제부터 살았냐, 이 서류는 어디에 제출할 거냐와 같은 간단한 질문이었다. 사실 영사관에서 우리 가족을 모를 리 없었다. 한국에 가장 오래 거주 중인 터키 가족이라 실무관을 비롯하여 영사와 대사까지 우리 가족이 블랙리스트가 되기 이전부터 터키 관련 자선행사 등의 사석에서 여러 차례 만난 적이 있었다. 그때마다 그들은 우리가 한국어를 모국어로 사용한다는 것에 놀라움을 표하며 칭찬하곤 했다. 어쨌거나 그것도 10여 년 전의 일이었기 때문에 나는 시치미를 뚝 떼고 마치 그 가족의 구성원이 아닌 양, 당신들이 처음 보는 사람인 양, 최소한 당신을 기억하지 못하는 양 웃으며 대답했다. 영사와 나 모두 희미한 미소를 띠며 '교양인의 대화'를 나눴지만 이상한 긴장감이 흘렀다. 영사가 미묘하게 나를 훑어보는 눈빛마저 모르는 척했다. 대화를 끝낸 영사는 기분 나쁜 미소와 함께 다시 부스 안쪽으로 들어갔다. 10분쯤 지났을까. 이번엔 다시 실무관이 나와서 조심스럽게 나를 불렀다. "음…… 이거…… 못 해드려요……. 아시죠? 이거 저희는 할 수 없어요."

이유를 물어볼 틈도 없이 입술이 파르르 떨리고 고개가 바닥으로 떨어졌다. 속절없이 눈물이 흐르고 있었지만, 소리를 낼 수는 없어 꾸역꾸역 숨을 참았다. 원서를 제출할 수 없을지도 모른다는 사실 때문에 울음이 터져 나왔던 게 아니다. 아주 기본적인 등기 서류 한 장을 발급받지 못할 만큼 잘못한 것이 없어 쏟아진 억울한 울음이었다. 서류 한 장 발급해주지 않는 억압을 겪어내기에 나는 한없이 연약했다. 국가에서 발급해주는 등기 서류는 상징적으로 나의 생을 증명할 유일한 원문서다. 내가 태어나면서 만들어졌고, 내가 죽으면 그 효력이 사라질 '나'라는 존재의 유일한 증명서 말이다. 아무리 국경을 넘나들며 그 사실을 외면하려 해도 국가라는 틀 안에서 살아가는 인간들에게 그것은 보편적으로 큰 의미를 지닐 수밖에 없었다. 본래의 소임대로라면 나를 보호해주어야 마땅한 기관에서 외려 나라는 존재를 부정하는 것을 가만히 받아들이기는 쉽지 않았다. 이제 나는 나를 증명할 방법이 없었다.

그놈의 국적증명서로 입학처 직원과 벌였던 실랑이도 비슷한 맥락이었음을 새삼스레 깨달았다. 어쩌면 나한테는 더 이상 학교에 원서를 내는 것이 중요하지 않았는지도 모른다. 애초에 고민하다 원서 접수가 임박해서야 경험 삼아 시험을 보기로 결정했던 것이었다. 당연히 떨어질 것이라 여기며 원서를 접수하려고 했으면서 무엇 때문에 그렇게 악착같이 투쟁했단 말인가. 나에게는 차별을 차별이라 명명하고 마땅한 시정을 요구하는 것이 더 중요했다. 그런데 설명할 수도 없는 이유로, 정확히는 설명해봐야 아무도 믿어주지 않을 이유로 자신을 증명할 수 없게 되자 모든 게 무너져 내리는 기분이었다. 더 이상 할 수 있는 것이 없어 절망스러웠다. 할 말이 없어 더듬더듬 '아시죠?'라고 물은 실무관의 한마디는 무수히 많은 의미를 담고 있었다. 내가 알고 있고, 실무관이 알고 있는 그 모든 사실이, 사실은 벌어지지 말아야 할 인권 범죄라는 것. 맞다. 나는 그 사실을 알고 있다. 실무관도 알고 있기 때문에 얼렁뚱땅 '아시죠?'라고밖에 할 수 없었던 그것을 말이다.

아크릴판 너머로 신분증 세 장을 밀어내며 나의 표정을 살피던 실무관이 잠시 부스 안쪽의 눈치를 살폈다. 때마침 영사가 점심을 먹으러 가는지, 나가는 소리가 들렸다. 눈물을 삼키고 있던 내게 실무관이 눈치를 줬다. 잠깐만 기다려보라고 속삭였다. 부스 안으로 들어가 영사와 다른 실무관들이 나갔다는 것을 확인한 실무관은 다시 신분증을 달라고 했다. 부모님의 서류

까진 어렵지만 내 증명서만은 발급해주겠다는 것이었다. 거기에 직계가족과의 관계와 그들의 국적까지 적혀 있으니, 따로따로 뽑아가지 않아도 사실상 증명은 되는 것이라 제출하는 곳에 한번 사정을 해보라고 했다. 감사하다고 인사를 하고 다시 대기실 소파에 앉았다. 하지만 마음은 진정되지 않았다. 필요한 서류를 운이 좋게 발급받을 수 있게 되었다고 해서 국가에게 버림받았다는 감각을 지울 수는 없었다. 애초에 내가 소속되기를 원하거나 선택한 것이 아니었음에도 그 사실은 온몸을 경직시켰다. 대기실에 앉아 있던 아저씨가 힐끔힐끔 나를 의식하다 괜찮냐고 물어오는 바람에 울음이 더 커지고 말았다. 갑자기 방언이 터져 나오듯 '잘못한 것도 없는데 우리더러 테러리스트래요. 간단한 서류 한 장 발급 안 해주고……' 하며 훌쩍였다. 아저씨는 할 말을 잃고 어쩔 줄 몰라 했다.

부스 안에서 분주하게 움직이던 실무관이 다시 나와 아저씨에게 양해를 구했다. 예약을 하셨겠지만 사람들이 돌아오기 전에 내 서류를 처리해주지 않으면 영영 못할 수도 있어 빠르게 내 것부터 처리해도 괜찮겠느냐고 여쭸다. 아저씨가 흔쾌히 그러라고 하자 실무관은 더욱 분주해졌다. 몇 가지 동의서에 서명을 받고 10분쯤 후 영사 날인이 찍힌 한글본의 주민등록기록서가 나왔다. 기록서를 내밀며 실무관이 씩 웃었다. 그러고는 의례적이고 공적인 말투를 지우고, 오래전부터 나를 알아온 옆집 아저씨 같은 말투로 "잘못하지 않은 일에 고개 숙이지 말라고, 네가 잘못한 것도 아닌데 왜 고개를 숙이냐"고 말했다. 지금껏 우리가 각자의 역할을 맡아 해왔던 연극이 막을 내리는 순간이었다. 우리가 10여 년 전에 만난 적이 있고, 서로 이미 잘 알고 있는 사이라는 사실을 이제는 숨길 필요가 없었다. 내 눈에서는 이미 눈물이 덩어리로 떨어지고 있었지만 고개만큼은 애써 꼿꼿하게 들어올리며 울음 섞인 웃음을 지었다. 가해자들의 편에 있을 수밖에 없었던 실무관의 한마디가 적잖은 위로가 되었다. 저들도 우리가 피해자라는 사실을 이미 알고 있다는 것이 무엇보다 큰 위안이었다. 감사하다고 거듭 인사하고는 서둘러 영사관을 나섰다.

잠시 집에 들러 미리 준비해둔 외국인등록사실증명서와 신분증 사본, 여권 사본 등을 챙겨 나와 학교로 향했다. 입학처에는 목소리가 익숙한 남자 직원 혼자 있었다. 처음 나를 응대했던 여자 직원은 보이지 않았다. 지금 생각하면 그가 그날 사무실에 없었던 게 다행인지도 모른다. 국적증명서 때문에 전화했던 사람이라고 소개하자 남자 직원은 어안이 벙벙하다는 듯 이렇게 말했다. "아…… 완전 외국인이셨구나……. 한국말을 너무 잘해서 국적만 외국인 분인 줄 알고……." 아직 서류를 펼쳐 보이기도 전이었다. 거듭 반복해서 설명했던 사안이었음에도 그 사소한 사실이 이들의 편견에서 제대로 작동하지 못한 것이다. 그것은 어쩌면 대사관에 가야 한다는 공포를 느끼지 않아도 될 아주 사소하고도 명쾌한 문제였다. 너무 허탈해서 나도 모르게 "여러 번 말씀드렸는데……" 하는 한숨 섞인 말이 튀어나왔다. 가족관계증명서에 나와 부모님의 국적이 각각 터키라고 기록되어 있는 것, 외국인등록사실증명서에도 마찬가지로 터키라고 적혀 있는 것, 무엇보다 여권 사본에 누가 봐도 외국인인 얼굴들이 인쇄되어 있는 것을 보며 직원이 '충분합니다'라고 하자 헛웃음이 절로 났다. 남자 직원은 여자 직원의 전화 응대를 들으며 내가 외국인 전형으로 지원할 자격이 없는데 무턱대고 우기는 사람이라 판단했던 모양이다. 나는 시험이 두려워서가 아니라 일반전형으로 지원할 자격이 없었던 것인데 말이다. 힐끔힐끔 나를 흘겨보던 그는 충분히 미안한 눈치였지만, 끝내 미안하다는 말을 하지는 않았다. 덕분에 나는 하지 않아도 될 힘겨운 경험을 하며 반나절 만에 눈물을 500밀리리터는 쏟아냈다. 누구를 탓해야 할지 몰라 마음이 더 복잡해졌다.

원서를 제출하고 입학처를 나와 허탈하고 지친 마음을 정돈하기 위해 낯선 학교의 교정에 앉았다. 무더운 날씨 아래 멍한 표정으로 벤치에 한 시간 정도 있었다. 원서를 내는 데 성공하느라 그보다 훨씬 중요한 것을 잃은 기분이었다. 그리고 그해 11월, 면접을 보고 입학 허가를 받았다. 예상 밖의 일이었지만, 어쨌거나 시험보다 어려운 원서 접수 끝에 나는 다시 대학원생이 되었다. 여전히 그 시절의 쏘아붙이던 목소리들이 선명하고, 여전히 그 목소리들 하나하나가 용서되지 않는다.

사실 나에겐 용서할 권한조차 없다. 이게 문제다. 인권이나 존엄이 인류의 가장 숭고한 가치처럼 이야기되지만 실상 바닥에 나뒹굴고 있는 무수한 존엄이 있다. 그 존엄들은 일상에서 당하는 억압 앞에 누군가를 탓하거나 용서할 마땅한 대상조차 가지지 못한다. 무엇보다 이것은 관념이 아니라 실재다. 인권이나 존엄이라는 말이 상징적으로 등장하는 어느 철학의 한 페이지가 아니라 살아 있는 경험이다. 내가 느낀 배제와 억압, 그로 인해 쏟아낸 억울함의 눈물들 모두 실재다. 설명하기에 복잡하고도 긴 이 이야기가 실재이듯, 이 일을 기억하는 나의 파편들도 실재이며, 이 파편들로 인해 또다시 절벽에서 떨어지는 것 같은 나의 감각도 실재다.

이렇게 불친절하기 짝이 없는 비극으로 끝맺을 수밖에 없는 이 이야기가, 이 글을 읽는 이들에게 어떻게 가닿을지 궁금하다. 목적을 정하지도 못했으면서 감히 궁금하기까지 한 형편없는 푸념 같아 미안할 따름이다.

지구 걱정하지 마

 마지막 학기가 되니 마주치는 선생님마다 안부 인사 겸 논문 준비는 잘 되느냐고 묻는다. 준비는커녕 막연히 주제만 머릿속에 맴도는 실정이라 "하하 어떻게든 되겠죠" 하고 얼버무린다. 구체적인 주제를 물어오는 분에게는 '창작자로서의 배우'에 대해 이야기하고 싶다고, 배우는 몸으로 어떤 대상을 재현하게 되는데 타인을 연기하는 일이 인류학자가 타인과 마주하며 그들의 문화에 참여하는 동시에 관찰하는 입장과 비슷하다는 생각이 든다고 답한다. 덧붙여 누군가의 삶을 '다시 쓴다'는 점에서 배우가 지녀야 할 태도와 자질, 몸의 상태와 기술적 능력, 그리고 그 모든 것을 아우르는 성찰의 지표가 무엇인지 정리하는 글을 쓰고 싶다고 말한다. 이에 대한 반응은 크게 두 가지로 갈린다. '너무 필요한 주제'라는 반응과 '논지가 너무 크다'는 반응이다. 두 가지 모두 맞는 말이라 반박의 여지가 없지만 조심스레 고집을 부려본다.

논지가 크다는 반응은 사실상 '실기 논문'치고 너무 이론적이지 않느냐는 반박이다. 그러면 사뿐히 나의 경험을 덧붙이곤 한다. 공동 창작의 과정에서 창작자로서의 존중을 떠나 응당 받았어야 할 당사자로서의 존중조차 받지 못했던 순간들과 그것이 '표현의 자유'라는 못마땅한 이름으로 호명될 때 벌어지는 창작자-배우로서의 혼란에 대한 이야기를 말이다. "생각하지 마! 그냥 해!" 같은 말들로 이 혼란을 나의 탓으로 만들어버리는 '이 바닥'에 대해 이야기하고 싶다고. 배우가 무엇이든 표현해야 하는 '도구'가 아님이 확실하다면 이 문제는 더 이상 이론이나 당위가 아니라 우리가 창작을 하거나, 타인의 삶의 한 장면을 잠시 빌려와 무대에서 살아내는 작업을 하는 데 있어서 아주 현실적으로 필요한 기술이 아니냐고. 이렇게 논문에 쓰면 될 텐데 구구절절 말만 잘한다.

솔직히 경우에 따라서는 빼대고 싶어서 끈질기게 말하는 경우도 없지 않지만, 대체로 '그러니까 졸업하긴 글렀나 봐요' 하는 뉘앙스로 징징대고 싶어서 눈치를 본다. 최근에는 그런 속내를 알아봐준 어떤 선생님이 등을 토닥이며 '야! 지구 걱정하지 마!' 하셨다. 학위논문은 학위논문일 뿐이라는 것이다. 그저 졸업을 위한 이벤트일 뿐이니, 거기에 나의 뼈를 갈아 넣을 필요까진 없다고. 빠른 졸업을 위해서는 'A를 하니까 연기가 좋아지더라, 그러니까 A를 하세요 여러분' 하고 보잘것없이 쓰는 거라고 했다. 두 번째 쓰는 석사논문이니 무엇이 쉬운 길이고 무엇이 어려운 길인지 나도 퍽 잘 안다. 심지어 그 뼈를 갈아 넣는 어려운 길을 한 번 가봤기 때문에 그 길에 별 득이 없다는 것도 잘 안다. 얻는 것이라곤 끝까지 해냈다는 위안 정도랄까? 결국 냄비받침이 될지도 모를 석사논문으로는 절대 세상이 바뀌지 않는다. 나의 바람대로 선생님과는 적당히 자학하며 웃다가 위로받고 헤어졌는데, '지구 걱정하지 말라'는 그 말이 오랫동안 머릿속에 맴돈다.

지구 걱정이라. 선생님은 내가 참구하고 있는 이 주제가 세상에 필요한 어떤 종류의 '정의'를 내포한다고 생각한 듯하다. 그것이 쓸데없는 일이라는 의미가 아니라 당장 졸업이라는 나의 실질적인 이득만 바라보아도 괜찮다는 의미로 받아들였다. 그런 마음이 무척 감사했다.

내가 그 말에 꽂힌 이유는 그간 지구 걱정을 단 한 번도 하지 않았다는 새삼스러운 발견 때문이다. 내가 세상에 대해 이렇다 저렇다 나서서 말하기 좋아하는 사람인 것은 맞다. 그것이 대체로 비판 섞인 말들인 것도 맞다. 세상이 조금 더 나아지길 바라는 마음에서 그랬던 것도 맞다. 그런데 거기에는 꽤 심각한 결함이 있었다. 세상이 나아지길 바라는 원동력이 단 한 번도 타인이었던 적이 없다는 점이다. 나는 타인을 위하는 일들을 자처해서 하는 사람이지만, 그 대상은 항상 돌고 돌아 나였다. 저 사람의 형편이 나아져야 나의 형편이 나아질 것이라는, 또는 더 나빠지지는 않을 것이라는 믿음이 있었다. 세상이 나아졌으면 하는 바람은 곧 나의 삶이 더 윤택해졌으면 하는 바람이었다. '지구 걱정하지 말라'는 말을 곱씹고 나서야 알았다. 어라? 그러고 보니 나 '지구 걱정'은 한 번도 안 했잖아?

못났지만 사실이다. 나는 지구 걱정을 한 적이 없다. 모두 내 걱정이었다. 때때로 사람들이 오해하는데, 나는 그렇게 정의감 넘치는 사람이 아니다. 나만은 안다. 나의 고민, 바람, 그로 인한 발화는 모두 지극히 이기적인 '내 걱정'에서 시작됐다. 당장 내가 살아야겠기에 공부를 했고, 목소리를 냈다. 사람들이 '지구 걱정'이라고 생각할 정의로운 문장들도 따지고 들어가면 모두 나의 문제였다. 공감 능력이라고 포장해준다면 고맙게 받아들이겠지만, 나의 문제가 아닌 일들도 언젠가 나의 일이 될 수 있다는 두려움이 시작이었기 때문에 결국 출발점은 나였다. 그러면서 누군가 나의 문제에 깊이 공감해주길, 자기 문제처럼 함께 고민해주고 발화해주길 기대했다. 그야말로 심각한 결함이었다.

그러나 여전히 이기적일 수는 있지만 이 결함이 자책할 일 같진 않다. 그저 그동안 나의 이야기에 귀 기울여주고 자기 일처럼 관심 가져준 친구들이 더욱 신기하고 소중해졌다. 하긴, 가만히 떠올려보면 그들도 대부분 누군가에 의해 헤아려지지 못한 경험을 갖고 있었다. 불쾌하고 불편한 경험들이 우리가 서로를 바라보고 헤아릴 수 있게 했다. 저 불편함이 언젠가 나의 것이 될 수도 있다는 생각을 쉽게 할 수 있게 했다. 인간은 결국 아픔을 통해 타인의 아픔을 헤아릴 수 있도록 성장하는 것일까? 그게 사실이라면 '누구도 아프지 않았으면 좋겠다'는 나로부터 출발했던 또 하나의 바람이 산산이 부서지는 것 같다.

사실 그간 타인을 바라보고 헤아리는 나의 시선이 연민이 아니라서 다행이라고 여겼다. 타인을 헤아리는 시선 자체가 나의 아픈 경험에서, 언제든 비슷한 이유로 다시 아플 수도 있다는 염려에서 출발했기 때문에 감히 타인을 연민할 수 없었다. 타인을 연민할 만큼 무언가를 많이 가지지도 못했고, 따라서 타인을 감히 연민할 만큼 오만하지도 않았다. 그보다는 저이의 삶이 나아져야 나의 삶이 나아질 수 있다는 순수한 믿음에 기인한 마음이었다. 그것은 아무래도 연민보다는 연대에 가깝다. 누구도 아프지 않았으면 좋겠다고 생각하면서 내가 아파봤던 사람이라 누군가와 연대할 수 있어 다행이라고 여기고, 언젠가 아파봤던 사람들과 더

죽이 잘 맞는 것을 보면 이런 아이러니도 없다.

나는 나를 감히 소수자라 생각하지 않는다. 내가 주류형 인간이 아님은 분명하다. 무언가가 늘 한 단추씩 어긋나 있으니 말이다. 주류가 되기를 갈망하지도 않는다. 이것조차 비주류형 인간의 성질일지도 모르겠다. 그렇지만 이 사회의 소수자라고 말하기에 나는 양질의 교육을 받았고, 소위 고급문화라고 일컬어지는 문화적 소양을 갖추고 그 문화를 향유하고 있으며, 표준이 되는 언어를 꽤 고차원적으로 사용해 내 생각과 경험을 발화할 수 있다. 내가 주류의 경계 바깥에 존재하는 것은 사실이지만 표현의 수단을 넉넉히 가지고 있다. 물론 나의 표현이 주류형 인간에게 얼마나 가닿고 얼마나 들리는가는 또 다른 차원의 문제다. 어쨌든 내가 그 수단을 가진 것만은 분명하다. 어떤 이론가는 이런 위치를 '문화번역가'라고 칭하기도 했다.

그간 나의 가슴을 웅장하게 했던 순간들을 떠올리면 모두 이런 나의 위치에 기반한다. 나의 쓸모를 확인하게 되는 순간들 말이다. 경계 바깥의 존재로서 경계 안을 드나들 여지가 있는 탐구자이자 경계의 안팎에 대해 발화할 수 있는 번역가. 그래서인지 나는 나를 '경계에 있다'고 정체화하길 좋아한다. 사람들은 이런 정체성을 내내 염려하는 듯하지만 나는 어느 한쪽에 온전히 속해버리는 순간 세상을 바로 보지 못할까 봐 늘 두렵다. 나만은 내 스스로가 타인에게 얼마나 무딘지 분명하게 알기 때문이다. 그나마 경계에 존재하기 때문에 경계가 있다는 것을 직시할 수 있고, 그 바깥의 사소하고 소외된 것들을 바라보고 공감할 수 있음을 안다.

내가 경계 바깥에 있어 보았기 때문에 경계 바깥에 대해 이야기할 때 비로소 살아 있다고 느낀다. 아니, 여전히 경계 안에 존재하지 못하기 때문에 경계 바깥에 대해 이야기해야만 비로소 나의 존재가 가시화되어 살아 있는 사람이 된다. 후자의 표현이 보다 적합할 것이다. 그런 이야기들을 할 때 가슴이 웅장해지는 것도 결국 나를 위한 나의 쓸모 때문이다. 이 과정 안에 '지구 걱정'은 단언컨대 없었다. 내가 위치한 이곳이 늘 문제적 상황과 맞닿아 있기 때문에 나의 문제를 고민하고 걱정하는 것만으로도 '정의로운 사람'으로 보이기에 충분했는지도 모르겠다. 난 그렇게 정의롭지도, 착하지도 못한데 말이다.

가끔은 스스로가 못마땅할 때가 있다. 늘 불평, 불만만 늘어놓는 것 같아서 나에게마저 내가 성가신 존재로 느껴질 때가 있다. 나마저 주류의 잣대로 자신을 판단하는 것이다. 연신 분위기를 흐릴 때마다 나만 모르는 척하고 넘겼다면 아무 문제 없었을 것을 내가 괜히 '징징대서' 분위기가 이상해진 것 아니냐는 셀프 가스라이팅을 서슴지 않는다. '모두 행복해질 수 있는' 긍정적인 사고방식을 가지지 못한 존재처럼 느껴질 때면 말이다. 그러다 깨닫는다. '모두'라는 대명사에 애초에 나란 존재는 없었다는 것을. 내가 긍정적으로 반응하더라도 나는 미처 행복해지지 못했으리라는 것을. 그러니 그 '모두'의 견고한 성을 처절히 무너트리는 수밖에! 정의롭거나 착한 것이 아니라, 오히려 나 하나 희생하는 것은 도무지 참을 수 없는 사람이라 결국 오늘도 분위기를 흐리는 모양이다.

또 가끔은, 분위기를 흐릴 만한 거리를 찾지 못해 무기력해지기도 한다. 이 부분이 가장 어처구니없다. 한동안 스스로가 왜 이렇게까지 무기력한지조차 알지 못한다. 그러다 어떤 불편을 직면하거나 누군가의 불편을 목격하면 불같은 성질과 함께 삶의 영감이 치솟는다. 처음에는 스트레스를 받는 것 같다가 이내 그 스트레스의 자극으로 드디어 살아 있다고 느껴 당혹스럽다. 그간 아무 일도 없어서, 말 그대로 세상이 날 직접적으로 건드리지 않아서 무기력한 것이었음을 깨닫곤 나의 존재를 다시 의심한다. 나는 거대하거나 사소한 불행 또는 걱정이 없으면 살아갈 수 없는 사람일까? 이 정도면 중독이라고 해도 과언이 아니다. 그러나 사실 안다. 그 거대하거나 사소한 불행 또는 걱정은 표면에 드러나기 전에도 존재해왔다는 것을. 마침 수면 위로 꼬리를 드러낸 그것을 놓치지 않고 힘껏 잡아당겨 끌어올리고 힘껏 직면하면서 언어화하는 것이 내게 삶의 에너지가 된다는 것을.

"지구 걱정하지 마."

이 한마디를 통해 깨달은 것은 내가 신봉하던 나의 신념에 대한 본질적 결함과 나라는 인간의 기저에 깔린 아이러니였다. 때때로 내가 이런 사람이라 다행이라고 여기기도 하고, 때때로 자책하거나 무기력하게 만들기도 했던 그것을 나는 아마 끝끝내 놓지 못할 것이다. 앞으로도 때때로 내가 이런 사람이라 다행이라고 생각하기도 하고, 때때로 자책하거나 무기력해하며 아옹다옹 살아갈 것을 안다.

그래서 이 글의 결론으로 지구 걱정을 하지는 않지만 그래도 괜찮다고 하는 것이 나을지, 아니면 지구 걱정을 하지 않는게 더 옳은 방향이라고 하는 것이 나을지, 그도 아니면 이 모든 것이 사실 지구 걱정과는 상관없다고 하는 게 나을지 모르겠다. 한 가지 분명한 점은 이번에도 논문을 편하게 쓰긴 글렀다는 것뿐이다(부쩍 글렀다는 말의 힘을 자주 빌린다. '글렀다'만큼 고집스러우면서도 유쾌한 말을 아직 찾지 못했기에, 오늘도 글렀다는 말에 의존하려 한다). 결국 나는 뼈를 갈아 넣어 기어이 아무도 쳐다봐주지 않을 냄비받침을 생산하고 말리라는 것. 그리곤 또 한껏 자학하며 웃어 보이리라는 것. 그리고 이 모든 것이 지구 걱정을 하지 않으면서도 온갖 지구 걱정을 달고 사는 어느 중독자의 벗어날 수 없는 굴레라는 것 말이다.

우리는 의외(가 아니)야[1]

내 친구 아누팜이 우주대스타가 되었다. 〈오징어게임〉이 개봉한 직후의 일이다. 학교에서 마주치기라도 하면 저 멀리에서 '베뚤'하며 혹여 안 보일까 온몸을 이용해 손을 흔들던 아누팜이 하루아침에 우주대스타가 되었다. 사실 하루아침의 일이 아니다. 정확하게 10년. 10년간 그가 해왔던 것을 생각하면 하루아침이라는 표현은 물리적인 폭력이다. 하루 만에 인스타 팔로워가 100만 단위로 늘어나는 것을 보며, "아무리 인싸력 넘

---

1 '우리는 의외(가 아니)야'라는 제목은 극단 '여기는 당연히, 극장'의 〈우리는 농담이(아니)야〉(고故 이은용 작·구자혜 연출, 제57회 백상연극상 수상작)에 대한 오마주이다.

치는 아누팜이지만 이건 좀 무섭지 않을까?" 하고 잠시 걱정했으나 다행히 아누팜 본인은 괜찮은 듯했다. 그는 심심하면 학교로 털레털레 마실을 나오곤 한다. 여전히 사람들과 마주치면 행여 안 보일까 온몸으로 인사하고 부지런히 안부를 묻는다. 달라진 점은 처음 보는 사람들에게 둘러싸여 사진을 찍고 있는 풍경이 이제는 익숙해졌다는 것뿐이다.

아누팜이 우주대스타가 된 지 얼마 지나지 않아, 그 사실이 괜히 신기해 그의 이름을 포털에 검색했다. 199번 번호표가 달린 초록색 체육복 차림의 사진 아래 '의외로 한예종 출신'이라는 설명이 있었다. 이후에도 '의외로 한예종 출신'이라는 꼬리표는 한동안 그의 뒤를 따라다녔다. '의외로', '제법', '퍽' 같은 부사를 제법 좋아하는 나는 말하지 못할 배신감을 느꼈다. 진부하지 않으면서도 양면성을 지닌 단어들이 있다. 그런 단어를 사용한 문장은 진솔하면서도 애매모호하다. 그만큼 매력이 있다. 아이러니가 담겨 있어 풍부한 감각을 제공하는 살아 움직이는 말이라고 해야 할까. 그러나 '의외로 한예종 출신'은 '의외로'의 가능성을 의외로 파괴하는 느낌이다. "한국 드라마에 나오는 외국인들은 죄다 '서프라이즈' 같은 연기를 하는데 알리(아누팜의 극 중 이름)는 진짜 드라마에 녹아드는 느낌"이라는 부연설명이나 "어쩐지 연기 잘하더라" 같은 댓글을 마주하면 '의외로'에 대한 배신감은 배가된다. 웃자고 한 이야기에도 죽자고 달려들어야 한다고 생각하는 나 같은 부류의 인간은 한 구절 한 구절을 쉽게 삼키기 어려웠다.

'의외로 한예종 출신'이라는 말은 '의외로'에 강세를 두어도 이상하고, '한예종 출신'에 강세를 두어도 이상하다. 먼저, 앞에 강세를 두어 아누팜이 한예종 출신이라는 것이 '의외'라는 말은 생김새가 다른 타자가 한국에서 연기를 전공할 수도 있다는 사실을 상상할 수 없는 것으로 전제한다. 이는 한국어가 모국어지만 생김새가 다르거나, 한국어를 제2언어로 사용하며 활동하는 수많은 배우를 상상하기 어려운 존재로 만들어버린다. 자연스레 그들이 설 자리가 없어진다. 배우로서 설 자리만 위협받는 것이 아니다. 미디어에 '외국인'이 설 자리가 없어진다는 것은 배우가 아닌 현실 세계의 더 많은 이들의 삶을 삭제한다. 소위 '미디어는 현실을 사실적으로 반영한다'고 여겨지지 않던가. 살아 있는 존재들을 보이지 않게 만드는 것이 '의외로'의 의외의 힘이다.

뒤에 강세를 두면 의미가 미묘하게 달라진다. 아누팜이 다른 어느 대학도 아닌 한예종 출신이라는 점이 '의외로'라는 부사와 함께 언급되는 것은 곱씹을수록 무례하다. 예컨대 한예종 출신의 어떤 배우에게도 지금까지 '의외로'라는 수식이 붙지 않았다. "배우 ○○○이 의외로 한예종 출신이래"라는 문장에 한국인 배우의 이름을 대입해보면 그 이유를 쉽게 알 수 있다. 연기를 못한다고 비꼬는 건가? 아누팜이 외국인이라는 이유로 다른 층위가 만들어진다고 여겼다면 그것이야말로 가장 치사한 폭력이다. 아누팜은 당당히 한국사회에서 제 몫을 하며 살아가는 동시대 구성원이다. 그의 이름이 외국의 것이라고 해서 같은 문장에 다른 층위가 생겨서는 안 된다.

이 문장을 쓴 이는 아마 '한예종'을 긍정적으로 해석했을 것이다. "어쩐지 연기를 잘하더라"는 말이 뒤이어 붙는 것을 보면 말이다. 그렇다고 무례함이 사라지진 않는다. '어쩐지' 뒤에 붙은 칭찬에 기분 좋을 사람은 없다. 글자 그대로 한예종 출신이 아니라면 저렇게 연기를 못했을 것이라는 의미이기 때문이다. 여기엔 사실 비릿하고 치사한 국뽕의 맥락까지 섞여 있다. 아누팜이 '한국에서' 연기를 전공하지 않았다면 저렇게 연기하지 못했을 것이라는 아주 직접적인 의도 말이다. '의외로' 또는 '어쩐지'는 아누팜이라는 사람의 본질과 그간 그가 견뎌낸 시간과 노력을 통째로 지워버린다. 동시에 아누팜의 몸을 순식간에 국뽕의 전유물로 만들어버린다. 아누팜이 연기를 잘하는 이유는 그가 한예종 출신이기 때문이 아니라, 그가 연기하는 것을 사랑하고 그만큼 열정적으로 해왔기 때문이다. 그가 경험한 10여 년의 과정을 작게 보는 것은 다시 말하지만, 물리적인 폭력이다. 한예종에 다닌다고 해서 모두가 연기를 잘하는 것도 아니고, 한예종에 다니지 않았다고 해서 연기를 못할 이유도 없다. 아누팜이 연기하는 것에 감동받았다면 그건 의외로, 그가 한예종 출신이기 때문은 아니다.

아누팜에 대한 이러한 평이 깊게 사유한 결과물은 아닐 것이다. 딱 한 걸음만 더 내디뎠다면 아마 쓰지 않았을 문장이라 믿어 의심치 않는다. 별것 아닌 문장에 이렇게까지 정성스럽게 달려드는 것이 무슨 소용이냐고 한다면, 그래서 더욱 달려들어야겠다고 생각했다. 누군가 한 사람이라도 죽자고 달려들지 않으면 '의외로' 보이지 않는 것들이 '제법' 많다. 죽자고 달려들기 위해 용기 내는 일을 오늘도 멈출 수 없는 이유다. 나의 존재, 〈오징어게임〉이 있기 전과 후의 아누팜의 존재, 그리고 내가 현실 세계에서 직접 조우한 수많은 사람의 존재는 의외가 아니다. 상징적으로라도 의외가 되어서는 안 된다. 의외가 아닌 것을 의외가 아니라고 말하는 것은 당장 큰 소득이 없더라도 의외로 전혀 쓸데없는 짓은 아니다.

덧: 의외로의 그늘에 가려 이야기'되지' 못한 많은 것들이 있음을 언급하고 싶다. 〈오징어게임〉에서 아누팜이 연기한 알리가 얼마나 도구적인 캐릭터인지, 오랜 시간 업계에서 '외노자 전문 배우'라는 타이틀로 활동한 아누팜의 시간에서 '외노자 전문 배우'라는 타이틀이 갖는 의미가 무엇인지, 나아가 한국에서 노동하

는 이주노동자들에게 '외노자 전문 배우'라는 아누팜의 타이틀이 갖는 의미가 무엇인지는 감히 내가 논할 수 있는 범위가 아니다. 이에 대해서는 '의외로' 이 글을 읽고 있을 당신의 성찰 어린 상상력에 기댈 수밖에 없을지도 모르겠다.

보디로션을 바르는 철학

지난 생일에는 보디용품을 많이 선물받았다. 평소 향을 즐기는 편이라 향이 좋은 보디워시를 일부러 찾아 사용해왔지만 로션이나 크림을 따로 발랐던 건 아니다. 온몸에 무언가를 바르는 것이 퍽 귀찮은 일이기도 하거니와 그 행위를 할 마땅한 시간과 공간이 없었다. 그런데 보디로션, 크림, 심지어는 마사지 오일까지! 나를 생각해준 고마운 사람들에게 받은 것들이라 사용하지 않을 수 없었다. 한꺼번에 다 쓸 수도 없기에 나름대로 순서를 정해 정리해두었다. 앞으로 2년간 몸에 바를 무언가가 부족할 일은 없을 것 같았다. 나도 나이가 들었는지, 사람의 몸이 이토록 건조해질 수도 있다는 걸 새록새록 깨닫고 있던 터라 마음먹고 성실하게 바를 수 있을 것 같았다.

그래서 생일을 기점으로 샤워하고 나면 열 번 중 여덟 번은 몸에 로션이나 크림을 아주 성실하게 바르는 중이다. 한 번쯤은 깜빡하기도 하고, 한 번쯤은 허겁지겁 준비하느라 건너뛰기도 하지만 꽤 열심이다. 사실 이 신문물을 접하면서 나는 의외의 발견을 했다. 피부가 더 이상 건조해서 가렵거나 부스스 일어나지 않는 것도 사실이지만, 단순히 그뿐만이 아니다. 보디로션을 바르면서 내가 한 번도 나의 몸 구석구석을 이렇게 정성스럽게 어루만져주지 않았다는 사실을 깨달은 것이다. 샤워하면서 구석구석 타월로 거품 칠을 하지만 그것과는 달랐다. 내 손바닥이 나의 몸 모든 굴곡에 맞춰, 온몸의 피부 표면을 최소 한 번씩은 정성스럽게 거쳐가는 것을 바라보며 '나를 돌본다'는 것에 새로이 눈을 떴다.

가끔 내 몸을 양팔로 한껏 감싸 안아 등을 토닥이거나 쓰다듬으며 "잘했어" 또는 "괜찮아" 하고 말해줄 때가 있다. 글로 쓰고 읽자니 오글거리지만, 나에겐 꽤 절실한 습관이다. 살이 살에 닿는 일은 아주 물질적인 것이어서 무언가를 또렷하게 감각하는 데 도움이 된다. 몇 년 전 어떤 일에 크게 상처를 입어 잠시 상담을 받은 적이 있는데, 그때 상담 선생님이 특별히 칭찬한 습관 중 하나이기도 하다. 그러나 이 습관은 스스로 정말 잘했다고 생각하거나, 정말 괜찮다고 생각할 때가 아니면 그렇게 하지 않는다는 치명적인 한계가 있었다. 몸에 로션을 바르면서, 이것이 자신을 토닥이는 것과 같은 효과를 가진 물질적인 행위임을 발견했다. 억지스럽지도 않았으며, 정말로 괜찮다고 여겨질 때가 아니어도 의도치 않게 수행하게 되는 행위였기 때문에 한계도 없어 보였다.

그러고 보면 인간에게 물질적인 감각은 참 중요하다. 한 철학 사조는 감각에 충실한 것을 두고 어차피 닳아 없어질 육신에 의존한다는 점에서 '인간을 노예화'하는 것으로 본다지만 인간이 닳아 없어질 한낱 우주의 먼지라는 사실을 받아들이지 않는 것은 얼마나 오만한 발상인가. 며칠 전에는 인스타그램 속 사소한 소식을 통해 나의 오랜 친구인 '찌질'이라는 녀석과 마주했다. 당장 해야 할 일이 많았던 터라, '찌질'을 떨쳐내기 위해 만년필을 꺼내 종이에 사각사각 적어나갔다. "참나! 네가 왜 흔들려? 네가 훨씬 잘 될 건데?" 이렇게 쓰고 나니 내 안에서 무언가가 분명해졌다. 내가 마주한 녀석은 내가 그간 외면했기 때문에 '찌질'이라는 오명이 붙어버렸을 뿐 사실 찌질이 아니었다. 상담을 받으러 다닐 만큼 충분히 아프고 힘들었으면서, 나에게 상처를 준 이들을 미워하지 말아야 할 이유는 무어란 말인가? 그들이 아무 일도 없었다는 듯 즐겁게 지낸다는 소식마저 이렇게 아픈 것을! 그것은 찌질이 아니라 매 순간 괜찮거나 잘해낼 필요가 없는 한낱 우주 먼지가 갖는 당연한 마음이었다. 그들이 밉다는 마음을 애써 외면하면 할수록 스스로 갉아먹히는 기분이 들었다. '아, 나는 저이가 미운 거구나, 충분히 미울 만한 일이었지' 하고 받아들이자 한결 편해졌다. 찌질해 보이는 저 별것 아닌 몇 개의 단어들이 물질적으로 사각사각 소리를 내며 시각화되자 벌어진 마법이었다. 마음속 번뇌를 실체를 가진 것으로 변형시켜 바라볼 수 있게 되면서 비로소 나 자신을 받아들이고 화해할 수 있었다. 어쩐지 조금 더 사랑스러운 우주 먼지가 된 기분이었다.

물리적인 질량을 가진 모든 행위가 소중할 텐데, 그간 나의 일상 속 모든 물리적인 것들을 내가 어떻게 다뤄왔는지 돌아보게 된다. 샤워하거나 옷을 입거나 화장하거나, 심지어 무언가를 먹는 것마저 어느 순간부터 해야만 하니까 하는 노동에 가까운 것들로 변질되었다. 그나마 소소하게 내가 좋아하는 향의 보디워시를 쓴다거나, 좋아하는 옷을 입는다거나, 좋아하는 색을 얼굴에 칠한다거나, 좋아하는 음식을 먹는 등의 이벤트를 곳곳에 심어놓기는 했지만 그 시간을 나와 온전히 마주하는 시간으로 사용하지는 못했다. 씻고, 대충 먹고, 준비해서 나가는 것은 빠르게 처리하면 할수록 좋은, 그야말로 부가적인 일로 여겨졌다.

보디로션을 바르는 일은 그 외의 일상적인 것들과는 확실히 달랐다. 이 또한 일상의 루틴이 되어버린 누군가에게는 번거로운 노동일지 모르겠지만 내겐 새로운 감각을 자극하는 일임이 분명했다. 피부가 건조하지 않아야 한다는 목표에 치중한 것도 아니어서 특별한 성과를 기대하지도 않았다. 때문에 있는 그대로의 행위에 집중할 수 있었다. 살결을 하나하나 부드럽게 어루만지는 일은 자신을 토닥여주는 것과 비슷할 뿐 아니라 물질적으로 나의 '몸'이 존재하는 그 자체를 의식하고, '지금 현재에 살아 있기'를 돕는 행위였다.

나의 몸은 일정한 질량을 가진다. 그리고 항상 일정할 질량을 필요로 한다. 나의 질량을 유지하기 위해 새로이 나의 일부가 될 어떤 질량뿐 아니라, 타인이 가진 질량과의 만남을 필요로 한다. 그러나 많은 시간 나는 나의 전부인 그 질량을 의식하지 않고, 심지어는 외면한 채 살아가는 데 익숙해지고 말았다. 미래의 목표와 과거의 미련에 대해 부유하는 생각만을 가진 채 구체적인 질량을 가진 나의 소중한 몸을 부차적인 '몸뚱어리'로 치부하며 살고 있었다. 나의 질량을 의식하지 못하는 데 소비한 시간을 대단한 사명이나 목표를 위해 썼던 것도 아니다. 수업에 늦지 않게 가야 한다는 사소한 것들로 매 순간 자신을 지워버리고 있었다. 막상 수업에 가면 또 다른 상념으로 가득할 거면서 말이다. 입이 닳도록 '현존'을 말하는 연극쟁이면서, 보디로션을 바르며 새삼스레 일상의 현존과 그 즐거움을 깨닫는다. 나는 생각하기 때문에 존재하는 것이 아니라 몸이라는 아주 실질적인 질량으로 존재한다. 계속해서 낡아갈, 그러다 언젠가 유용한 미생물로 분해되어 사라질 나의 몸이 나의 전부다. 이것은 생각하지 않는 것이 아니라 나의 몸을 통해 보다 구체적인 질량을 가지고 생각하는 것이다. 생각이 몸을 떠나 무의미 속을 부유하는 것이 아니라 바닥을 단단하게 지지하고 있는 몸을 통해서 실재하는 것이다.

어쩌면, 피부에 물을 흘려보내며 거품을 묻히고 몸을 뽀득하게 닦는 일도, 풍부한 맛을 감각하며 음식을 하나하나 씹어 먹으며 차츰 포만감을 느끼는 일도 지금 현재의 질량으로 존재하며 수행할 수 있지 않을까? 무언가에 쫓겨가며, 다른 목표를 위해서 하는 것이 아니라 온전한 질량을 하나하나 의식하며 그 자체를 수행하는 것 말이다. 매 순간 무언가를 잘하려고 안간힘을 쓰느라 외려 중요한 것을 놓쳐 무의미해지지 않고, 몸을 통해 온전히 감각하고 받아들이면 자연스레 잘하게 될 어떤 것들을 누리는 것이야말로 우주의 자그마한 먼지로서 유의미하게 살아가는 방법이 아닐까? 나의 몸은 아주 똑똑해서 이미 많은 것을 감각하고 있다. 내가 할 것이라곤 그 감각들을 흘려보내지 않고 하나하나 알아차리는 것뿐이다. 촉각을 느끼거나, 맛을 느끼거나, 때로는 불안한 마음을 외면하지 않고 있는 그대로 받아들이며 토닥여줄 수 있도록 지금에 충실하면서 말이다. 이 자체가 온전히 나를 돌보는, 그 무엇보다 중요한 일상이 될 수도 있지 않을까?

그것을 해내기 위해 적당한 시간과 공간이 필요하다는 생각이 틀린 것 같진 않지만, 조금은 사치를 부려보아도 괜찮을 것 같다. 어쩌면 그것이 사치라는 생각 자체가 장막일지도 모르겠다. 이 모든 게 당연히 인간으로서 누려야 할 권리라는 사실이 일반적인 사고가 되는 세상이길 바란다. 모두가 보디로션 정도는 기꺼이 바를 수 있는 시간과 공간을 가질 수 있는 세상 말이다.

또 하나의 혼란스럽고 복잡한 TMI

나는 고기를 먹지 않는다. 아니, '먹지 못한다'는 표현이 더 맞을지도 모르겠다. 아니, 그것도 정확한 표현은 아니다. '때때로 고기를 먹지 않거나 먹지 못한다'는 애매한 문장이 가장 적확하다. 명제부터 혼란하다. 때때로 고기를 먹지 않거나 먹지 못하는 이유를 설명하기 위해서는 별로 재미도 없고 딱히 감동도 없는 장황한 부연 설명이 필요하다. 아주 간략하게 추리더라도, '저희 집은 독실한 이슬람교거든요. 그래서 할랄 고기만 먹어요. 전 종교적인 의미는 없지만 어린 시절부터 그렇게 훈육받아서 심리적으로 잘 안 받아들여져요'라는 추가 문장이 필요하다. 여기서 '할랄? 그게 뭐예요?'

라는 질문이 들어오면 이야기는 한층 복잡해진다. '음, 이슬람교에서 고기를 도축하는 과정에서 하는 특별한 의식이에요.' 이 문장에서는 '고기를 도축하는 과정'이라는 다소 설명적인 투의 정보가 빠져서는 안 된다. 이슬람교의 의식이라고만 설명하면 '그럼 지금 하면 되겠네! 그거!'라며 순수한 의견을 제시하는 경우가 적지 않은데, 이 순수한 의도를 반박하는 것이 영 쉽지 않기도 하고, 무엇보다 같은 말이어도 차후에 부연 설명을 하는 게 한층 더 강한 자기주장으로 들린다는 것을 경험으로 알기 때문이다. 내내 상대의 말과 제안을 부정하며 아니라고만 하는 사람이 되어버리는 것은 아무래도 불편하다. 마땅한 출구가 없어 '아, 그렇구나……' 하고 끝나버릴 대화에 어색하게 웃는 게 나라고 쉬운 것은 아니다. 시간이 여유롭거나 나에게 관심이 잠깐 쏠려도 이상하지 않은 자리라면 상관없지만, 모임의 핵심 주제도 아닌 것으로 내가 많은 말과 주장을 해야 하는 상황이라면 쓸데없이 눈치가 보인다.

비단 고기를 못 먹는 문제에만 국한되는 건 아니다. 내 삶을 설명하는 데 있어 뭐 하나 딱 떨어지는 문장이 없다. 예를 들어 '터키에서 왔다'는 두 어절짜리 문장만 해도 그렇다. 저 짧은 한마디를 내뱉는 것이 나는 그렇게 어색하다. 터키에 가서 '한국에서 왔다'고 하는 것이 차라리 덜 어색하다. 그렇다고 한국에 처음부터 살았던 것은 아니니 정확한 표현은 아니다. 그래서 누군가 어디서 왔냐고 물으면 묻지도 않은 국적을 말한다. "아, 국적은 터키예요." 쓸데없이 많은 정보가 담겨 있지만 최소한 내뱉은 말이 찝찝하진 않다.

나는 대체로 아주 기본적인 정보를 제공하는 데에도 적합한 단어와 문장을 고르느라 애를 먹는다. '어디서 왔냐?'와 같은 간단한 질문에도 버퍼링이 걸린다. 나를 설명하는 딱 떨어지는 문장이 없기 때문이다. 'OOO에서 왔다'고 하는 것이 적합할 텐데 내게는 그렇게 답할 일반적인 문장이 없다. 일반적이라고 여겨지는 문장들이 내게는 언제나 어긋나 있거나 비틀어져 있다. 어긋나 있거나 비틀어져 있는 것은 사실 그 문장들이 아니라 나의 배경, 내가 처한 환경, 혹은 나 자체일 것이다. 나는 확실히 세상의 일반적인 기준에 맞아떨어지는 인간이 아니다. 흔히 상상할 수 있는 일반적인 범주에 속하는 사람이 아니다. 항상 무언가가 복잡하게 엉켜 있다. 그러니 명제부터 혼란스러운 것은 당연할지도 모르겠다.

*

　세상의 일반적인 기준이나 범주에 속하지 못한다는 감각이 이주의 경험으로부터 파생된 것은 맞지만 꼭 이주의 서사에서만 그렇게 작동하는 것은 아니다. 본의 아니게 내가 처한 상황은 항상 한 겹 이상의 복잡한 층위로 쌓여 있다. 적절히 설명하기 위해 단어를 곱씹어 찾아내지만 그마저 상대에게 가닿지 못할 때가 많다. 그 순간 하나의 역사가 더 쌓인다. 내가 나를 설명하지 못하는 역사에서 나는 정처 없이 떠다니는 것 같다. 아니, 온전한 하나의 물질로 존재하지 못하고 공기 중에 조각조각으로 부서져 부유하는 것 같다. 그 조각조각으로 부유하는 것들을 지칭하는 단어들을 끌어모은다고 해도 하나의 온전한 문장이 되지는 못한다. 거기엔 늘 서로 모순되는 단어들이 섞여 있기 때문이다.

매일매일 더 똑똑해져야겠다고 다짐하던 시절에는 똑똑해지기만 하면 부유하는 감각을 부여잡을 수 있을 줄 알았다. 단어들이 그리는 모순을 바로잡고 온전한 물질이 될 수 있을 줄 알았다. 확실히 내가 똑똑해지긴 한 모양이다. 이제는 단어들이 그리는 모순 자체가 나임을 안다. 온전한 문장이 되지 못하는 것이 그저 나임을 온전히 받아들이기로 했다. 이제 내가 할 수 있는 것은 모순을 바로잡는 일이 아니라, 실재하는 모순을 있는 그대로 '말'하는 일이다. 세상의 기준과 틀에 맞지 않는 나라는 존재를 억지로 끼워 맞추려 이를 악무는 것이 아니라, 내가 가진 복잡성이 세상의 기준에서 모순적이더라도 나의 실재하는 삶 안에서 충분히 공존하고 있음을 발화하는 것이다. 혼란스러운 명제와, 그 명제를 설명하기 위해 더 혼란스러운 TMI의 부연 설명이 필요해지는 이유다.

*

세상의 기준에서 내가 모순일 수밖에 없음을 받아들

였다고 해서 조각조각 부서지고 부유하는 감각 자체가 해결된 것은 아니다. 뜻하지 않게 또 다른 TMI의 역사를 쌓아야 할 순간을 마주할 때마다 나는 다시 뒤틀리고, 산산이 부서지고 조각나서, 허공에 붕 떠버린다. 그리곤 허공에 떠 있는 조각들을 서로 붙였다 떼며 새로 두 발을 딛고 서 있을 중력을 찾는 데 오랜 시간을 쓴다. 이것은 나의 창조적 에너지가 되거나 새로 무언가를 해낼 수 있는 영감이 되기도 하지만, 그보다 많은 순간 소모적이라고 느껴질 만큼 고통스럽다.

언젠가 썼던 것처럼 나의 고민, 나의 걱정은 언제나 나의 문제에서 시작됐다. 창작이라는 나의 업을 통해 이런 이야기를 풀어가는 과정에서조차 나는 언제나 나로부터, 나의 살아 있는 감각과 경험으로부터 출발했다. 그것을 누군가는 '너무 정치적'이라거나, '너무 관념적'이라고 몰아붙이며 소위 '엄격한 PC함(Political Correctness, 정치적 올바름)'에서 조금 벗어날 필요가 있다고 채찍질할 때도, 나만은 내가 고집하는 것이 PC만은 아님을 안다. 나는 그저 당사자로서 내가 갈가리 찢기거나 무너지고 싶지 않을 뿐이다. 그래서 웃자고 한 이야기에도 죽자고 달려들기를 반복하며 고통스럽게 자신을 내던진다. 어쩌면 아무도 생각하고 싶지 않고, 듣고 싶지 않고, 알고 싶지 않은 TMI들을 나열하며 기꺼이 살아남으려 했다.

*

얼마 전, 우연히 알게 된 노래를 듣다가 눈물을 왈칵 쏟았다. 당황할 만큼 갑작스러운 눈물이었다. 노래 가사는 영어를 거의 못하는 나도 단번에 알아들을 수 있을 만큼 단순했다. 흑인 여성의 소울이 담긴 목소리가 아래 네 문장을 반복할 뿐이었다.

I've waited, I've waited,

I've waited, I've waited so long.

I've stared at the ocean,

I've felt like I'll never belong.

-Anne Leone, 〈Intro(I've Waited)〉

깊은 곳에서 울음이 차올랐던 것은 어디에도 속하지 못하리라는 것을 깨닫는 상실을 감히 알 것 같아서였을까, 아니면 깊은 곳에서 노랫말을 끄집어내 어렵게 뱉어내는 그 목소리와는 기꺼이 연결된 것 같아서였을까. 이마저 아주 모순적이었지만 요동치는 마음을 이상하게 주체할 수 없었다. 그 속해 있다는 감각, 어떤 장소 안에 자연스럽게 받아들여지고 있다는 감각 말이다. 어쩌면 그게 전부다. 내게 TMI의 발화들이 필요한 이유는 내가 그야말로 어디에도 속하지 못하기 때문이다. 이것도 아니고 저것도 아닌, 나로서 마땅히 존재하게 되기까지 너무도 벅찬 투쟁을 일상적으로 해내야만 하기 때문이다. 그 투쟁이 결실을 맺은 순간도 적지 않았기에 모든 순간이 고통스러웠다고 할 수는 없지만, 매일매일 고통에서 자유롭지 못한 건 분명하다.

'받아들이는' 주체는 대체로 내가 아니다. 때문에 내가 어떻게 할 수 있는 영역이 아닐 때가 많다. 내가 주체가 되어 '언제나', 그리고 '어떻게든' 말하고 있음과 별개로 누군가에게 그 말이 가닿지 않거나, 누군가에 의해 받아들여지지 않으면 그만이기 때문이다. 그러나

이 모든 모순을 설명할 수 있는 언어와 그 모순이 기꺼이 받아들여질 수 있는 세계는 소위 말하는 '정상적인 범주'에는 없다. 내가 원치 않아도 내가 존재한다는 사실만으로 정상 범주에서만 살아온 누군가와 여전히 고통스럽게 대립해야만 할 때, 그렇게 내가 나를 설명하지 못하는 역사가 쌓일 때 나는 언제고 뒤틀리고 산산이 부서지고 조각나서 허공에 붕 떠버릴 것이었다. 어쩌면 영영 두 발을 딛고 서 있을 수 없을지도 모른다. 그리고 어쩌면 그러리라는 것을 나는 이미 오래전에 깨닫고 받아들였을지도 모른다.

*

그렇다고 어떤 신체들이 누군가의 인정이나 관용에 기대어만 살아갈 수 있는 것은 아니다. 받아들여지고 있다는 감각, 어딘가에 속해 있다는 감각, 또는 어떤 장소에 나의 자리가 마땅히 있다는 감각은 존엄과 직결된다. 그리고 타인의 조건 없는 환대와 공존을 통해 그러한 감각들은 안전하게 보장된다. 이는 조건부의 인정이나 자신에게 (관용할) 권력을 부여하며 타인의 타자성을 보다 열등한 것으로 유지하는 형태의 편협한 관용과는 거리가 멀다.

나는 누군가가 인정하지 않아도 여기 이렇게 마땅히 존재한다. 또한 이렇게 존재하는 나는 누군가의 관용이 필요하지 않다. 누군가가 애써 부인한다고 해서 어떤 신체들이 존재하지 않는 것은 아니다. 누군가의 혐오는 어떤 신체들이 마땅히 존재할 자리를 위협하고 억압하지만, 그렇다고 상처 입은 신체들 자체가 존재하지 않게 되는 것은 아니다. 모든 신체는 본래부터 마땅히 존재할 자리가 있다. 그 자리는 누군가가 '내어주어야만' 하는 게 아니다. 따라서 누군가 스스로 도덕적 담지자로 군림하면서 어떤 신체들을 관용할 필요도 없다. 누군가가 '내어주고 있다'고 착각하는 그 장소는 애초에 어떤 신체들이 기꺼이 존재하고 있었을 자리이기 때문이다.

특별한 조건 없이 타인을 환대하는 것, 타인과 공존하는 것은 그러므로 누군가의 부가적인 선행이 아니라 마땅히 그렇게 해야 할 의무다. 그것은 타인에게 자리를 내어주는 것이 아니라, 타인이 존재하는 자리를 탐하거나, 또는 부인하거나, 또는 삭제하지 않는 것이다. 이렇게 보면 받아들여지고 있다는 감각, 어딘가 속해 있다는 감각, 또는 어떤 장소에 나의 자리가 마땅히 있다는 감각은 누구나 마땅히 누려야 할 인간으로서의 존엄이 된다. 그런데 어떤 신체들은 일상적으로 이 감각에서 소외되고 만다. 내가 속해 있지 못하다는, 영영 속하지 못하리라는 상실은 단순히 정서적인 치유의 필요를 넘어, 인간을 인간으로 만드는 본질적인 존엄의 상실에 대한 문제다.

*

2022년 여름, 어느 심리상담가의 특강을 들은 적이 있다. 일종의 소규모 집단상담 형태로 진행된 이 특강에서 내가 맡은 역할은 예산 처리 과정에 필요한 기록을 남기는 서기였다. 그러나 본의 아니게, 집단상담을 받던 당사자들이 아닌 내가 눈물을 뿜어버리는 불상사가 벌어졌다. 한 시간가량 몰래 눈물을 훔치며 잘 참아왔던 노력이 일순간 소용없어졌다. 상담 선생님은 차별의 문제를 심리적으로만 푸는 게 좋은 것은 아니지만, 내가 아픈 건 분명하다고 했다. 무시를 당했거나 차별을 받았거나, 또는 내 존재 그 자체로 존중받지 못했기 때문에, 내가 갑자기 무너지는 느낌 또는 답답하고 막막한 감정이 들었을 것이라고 했다. 이것은 내 내면의 I가 손상된 것이라고, 내 속의 내 존재감이 밟혔기 때문에 상처 입은 것이라고, 그 상처는 반드시 위로받아야 한다고 했다. 여기까지만 해도 고개를 끄덕거리며 잘 견뎌내고 있었는데, 다음 문장에서 한 번도 경험하지 못한 종류의 울음을 쏟아내고 말았다. "사실 정말 힘든 상황일 거예요." 이 별것 아닌 공감의 말에 부여잡고 있던 끈을 훌렁 놓고 만 것이다. 수습할 새도 없이 눈물이 뿜어져 나왔다. "사람들 시선 자체가 다르고……. 아까 이야기했던 이방인 의식이 항상 있었을 거예요. 이방인 의식에는 죄의식이 있어요. 다수 속에 내가 들어가면 항상 소수인 내가 잘못됐을 거라는 생각이요. 잘못도 내가 했을 거라는 생각 때문에 내가 잘못하지 않았어도 나를 고쳐요."

답답하고 막막해서 무너지는 감각, 또는 혼자 붕 떠 버리는 것 같은 감각은 어린 시절부터 내게 아주 익숙한 것이었다. 다른 사람이 아닌 내가 틀렸다는 느낌도 마찬가지다. 대학 입시를 준비하며 당연한 듯 사회학을 전공으로 택한 것도 내가 느끼는 것들을 설명하고 싶어서였다. 막연히 나에게는 심리적이고 개인적인 언어가 아니라 사회적인 언어가 필요하다고 여겼다. 사회학이라면 적절한 언어를 제시해줄 수 있을 것 같았다. 그리고 실제로 사회학이 여러모로 나를 설명하는 데 도움이 되기도 했다. 위로도 적지 않게 받았다. 이런 이야기를 털어놓자 상담 선생님은 인지적인 작업도 중요하지만 정서적인 작업을 함께해야 한다고 말했다. 이미 상처받은 I를 위로할 수 있는 것은 정서적인 작업이라고 말이다. 맞다. 문득 내가 정서적인 작업에 얼마나 취약한 사람인지 깨달았다.

 감정을 느끼거나 타인의 감정을 헤아리는 데 있어서 깊은 감수성을 지닌 소위 F형 인간임에도, 나는 나의 감정을 돌보는 일만큼은 미숙하다. 나의 감정을 돌보는 것은, 그 감정을 적절하게 표현하는 데서 시작해야 한다. 그러나 나는 언제나 감정을 표현하는 데 실패했다. 나의 감정이 받아들여지지 않는 상황을 반복적으로 경험하면서 늘 내 느낌과 감정이 틀렸을 것이라고 검열하고 의심했다. 내가 느끼는 게 전부인 상황에서도, 내 내면의 존재감이 상처받는 상황에서도 그야말로 이방인 의식에 사로잡혀 있었다. 이런 순간을 헤쳐갈 방법이 인지적인 작업이라 여겼다. 더 똑똑해지기만 하면, 이 상황을 논리적으로 이해시킬 수만 있다면 더 이상 답답하지 않을 수 있다고 여겼다. 그러나 이제는 안다. 어차피 내 내면의 존재감을 짓밟은 사람들은 영영 이해시키거나 납득시킬 수 없으리란 것을. 상담 선생님도 같은 말을 했다. 세상에는 그런 마음을 기대할 수 없는 상대가 훨씬 많을 것이라고 말이다. 그럼에도 그 부질없는 일에 기어이 나 자신을 내던지는 것은 살고 싶어서임이 분명하지만, 아이러니하게 나는 또 거기서 소외감을 느끼고, 답답하고 막연해서 무너지고, 중력을 거슬러 뒤틀리듯 붕 떠버린다.

 이 자체가 또 한 번 모순적이다. 인지적인 작업을 평생 해온 터라, 때때로 나는 내가 생각해도 꽤 단단하고 강한 사람이다. 동시에 '참 힘들었겠다'는 별것 아닌 위로에도 어쩔 줄 몰라 울음을 토해낼 만큼 연약한 사람이다. 상담 선생님이 말했듯, 차별 문제를 심리적인 것으로만 푸는 데는 무리가 있다. 물론, 그 감정을 소화하고 위로받고 치유해야만 하는 것은 맞지만 매일매일 고통의 바다에서 헤엄쳐야 한다면 일시적인 치유가 무슨 의미란 말인가. 나는 이제 정서적인 작업을 함께해내야 한다는 사실을 알게 됐고, 내 주변에는 다행히 조건 없는 위로와 지지를 해줄 사람들이 있다. 나의 가장 연한 부분을 보여주어도 괜찮은 사람들 말이다. 무턱대고 징징대는 것은 여전히 잘 못하지만, 나의 감정을 표현하고 위로받는 일에도 차츰 익숙해지는 중이다. 새롭게 중력을 찾는 과정에 이제는 정서적인 작업을 꼭 끼워 넣는다. 그러나 한창 돌고 돌아 어느새 같은 명제로 돌아온다. '내가 속해 있지 못하다는, 영영 속해 있지 못하리라는 상실이 단순히 정서적인 치유의 필요를 넘어 인간을 인간으로 만드는 본질적인 존엄의 상실에 대한 문제'라는 그 명제. 속해 있다는 감각의 상실은 최소한 개인적인 언어가 아니라 존엄이라는 보다 보편적인 언어로 명명되고 발화되어야 한다는 명제 말이다.

세상의 기준으로 '정상적인 범주'에서는 존재를 언어화할 수 없는, 여기에도 저기에도 속하지 못한 타자이자 언제나 명제부터 혼란한 TMI 아웃사이더인 내가 할 수 있는 일은 그래서 역시 끈질기게 발화하는 것뿐이다. 끈질기게 '정상 세계'에 균열을 내고, 끈질기게 정상 세계에는 존재하지 않는 범주를 새로 만들어 가시화하는 수밖에 없다. 존재하지만 존재하지 않는 범주에서 살아가는 내가, 나의 범주가 존재하는 그 흐릿한 기반에 현미경을 들이대면 보이는 복잡한 불규칙함을 또다시 TMI의 언어로 설명하는 작업 말이다. 그 안에서 또다시 뒤틀리고 산산이 부서지고 조각나서 허공에 떠버릴 것을 알지만, 그 연약한 마음을 기꺼이 이끌고 단단하게 전장으로 나가는 것. 그렇게 소모적인 고통 위에서도 창조적 에너지와 영감을 끈질기게 놓지 않는 것. 영영 속해 있지 못하리라는 상실을 이미 알아 버렸음에도 그렇게 할 수 있는 모순적인 용기를 끈질기게 가지는 것. 이 땅의 모든 영영 속해 있지 못할 어떤 신체들을 끝끝내 포기하거나 놓지 않고, 서로가 존재하는 그 경계선의 가장자리를 끈질기게 펼쳐내어 하나의 넓은 면으로 만드는 일 말이다. 그러다 보면 언젠가 그 목소리를 우연히 들은 아주아주 먼 곳의 누군가와 기꺼이 연결될 수 있지 않을까?

*

이렇게, 또 하나의 명제부터 혼란스럽고 복잡한 TMI를 세상에 펼쳐본다.

2부

나도 서정적인 글을 쓰고 싶다

BETUL ZUNBUL

사랑에 관한 몇 가지 단편들

 우리 집에는 고양이 두 마리가 산다. 그중 막내 '땅꼬'에게는 기구한 이야기가 있다. 녀석이 우리 집에 온 첫날이 아직 생생하다. 그날은 엄마와 동생이 한국으로 귀국한 날이라 집안 한구석에 아직 풀지 못한 짐이 쌓여 있었다. 오빠가 계속 사람을 쫓아다닌다며 데려온 자그마한 녀석은 그루밍도 제대로 하지 못해 꼬질꼬질했다. 갈비뼈 3개가 부러져 있는 것이 금방 눈에 띌 정도로 야윈 데다 어딘가 아프고 피곤해 보여 몹시 안쓰러웠다. 터줏대감 고양이 '솜이'가 살고 있는 집이었음에도, 붙임성 좋게 야옹거리며 뒤뚱뒤뚱 집 안으로 들어와서는 10년은 알고 지낸 사이처럼 자연스럽게 엄마 무릎에 올라가 누웠다. 엄마가 이 집에서 서열이 가장 높은 사람이라는 걸 본능적으로 알고 있는 것 같았다. 녀석은 그렇게 자연스럽게 우리 가족이 되었다.

깨끗한 물수건으로 조심조심 녀석의 몸을 닦고 솜이와 격리시킨 후에, 편히 쉴 수 있도록 따뜻한 담요를 깔아주었다. 다음 날, 피로가 조금 풀렸는지 하루 새 한결 건강해진 녀석은 여느 호기심 많은 아깽이처럼 온 집안을 휘젓고 다녔다. 조금 안심하며 부러진 갈비뼈와 불안정해 보이는 호흡을 검사하기 위해 부랴부랴 녀석을 끌어안고 동네 동물병원에 갔다. 진찰을 위해 여기저기 만지던 수의사의 손길에 아픈 티를 내며 애옹! 하고 짧은 비명을 지르던 것도 잠시, 녀석은 언제 그랬냐는 듯 어느새 수의사의 팔목을 베개 삼아 누워서 꾸벅꾸벅 졸기 시작했다. 병원에서마저 붙임성 좋은 고양이라니 말도 안 돼! 감탄하면서도 바깥 생활이 얼마나 고단했으면, 지금 얼마나 아프면 저렇게 사람 손길을 고파 할까 싶어 마음이 아팠다. 수의사가 검사 결과를 설명해줄 때는 녀석의 작은 몸이 견디고 있을 고통이 아득해서 내가 숨이 멎을 지경이었다.

갈비뼈가 부러져 숨을 방해한다는 것이야 예상했지만, 생각보다 상태가 심각했다. 횡격막이 파열되어 장이 흉곽까지 올라와 엑스레이 사진이 온통 뿌옇게 나왔다. 사실상 할 수 있는 치료는 횡격막을 봉합하는 탈장수술밖에 없었는데, 성공률이 높지 않은 데다 비용이 많이 들었다. 형편이 좋지 않아 수술을 결정하기도 쉽지 않았지만 차도가 확실하지 않은 방법이라 수의사도 수술을 권하지 않는 눈치였다. 마취와 호흡을 유지시켜줄 장치를 견디기에 녀석은 너무 가녀리고, 발육 상태도 좋지 않았다. 보름에서 한 달가량 몸이 견딜 만큼 영양을 보충하고 나서야 수술이 가능하겠지만, 녀석의 상태가 보름을 넘기기 힘들어 보인다고 했다. 방도가 없었다. 앞으로 살아 있을 그 짧은 시간이라도 편히 있다 갈 수 있도록 보살피겠다고 하곤 서글픈 마음으로 녀석을 다시 집에 데려왔다.

그리고 녀석은 8년이 지난 지금까지 우리와 함께 생활하고 있다. 그사이 두 명의 조카가 태어나 질투쟁이 삼촌이 되기까지 했다. 어차피 곧 무지개다리를 건널 아이라는 누명을 쓴 녀석에게 우리는 제대로 된 이름조차 지어주지 않았다. 남을 자들의 슬픔을 덜기 위한 얄팍한 전략이었다. 솜이와 구별하기 위해 '꼬마 고양이'라고 부르던 것이 결국 녀석의 이름이 되었다. 터키어로는 'Minik(미닉)', 한국어로는 '꼬마'를 조금 업그레이드한 '땅꼬마'의 앞 두 글자를 따서 '땅꼬'라고 부르게 된 게 언제부터인지 정확히 모르겠다. 녀석은 모두의 사랑을 듬뿍 받으며 무럭무럭 자랐다. 이름 탓인지, 병력 탓인지 성묘치곤 여전히 몸체가 작지만 키는 제법 컸다. 그리고 눈에 띄게 건강해졌다. 세상과의 끈을 겨우 놓지 않는 것 같은 얼굴로 비틀대며 걷던 녀석이 이제 눈을 동그랗게 뜨고 겁도 없이 아파트 복도에서 뛰놀거나, 옆집에 놀러 가 츄르를 얻어먹기도 한다.

여전히 작은 몸이 견디고 있을 고통에 먹먹해질 때가 있다. 파열된 횡격막 때문에 깊은 호흡을 할 수 없는 녀석은 얕은 폐호흡에 의존하여 겨우 생명을 유지한다. 때문에 조금만 뛰어다녀도 멈춰 서서 가쁜 숨을 쉰다. 항상 왼쪽으로 기대 눕는데, 반대쪽으로 누우면 숨이 막히는지 금방 일어서서는 입을 한껏 벌린 후 숨을 길게 들이쉬고 짧게 내뱉으며 호흡을 고른다. 내장이 온통 위로 올라와서 흉곽 아랫 부분이 잘록하지만, 다행히 장기가 자리를 잘 잡았는지 밥을 먹고 배변 활동을 하는 데는 지장이 없다. 소화기관과 호흡기관이 서로를 압박하지는 않는 모양이다. 가끔 고통스럽게 헛구역질을 하고도 아무것도 뱉어내지 못하는 녀석의 모습이 가장 안쓰럽다. 도무지 가늠할 수 없는 고통이지만, 항상 밝은 에너지로 견뎌내는 녀석을 보고 있으면 감히 기특할 틈이 없다. 기특함보다 존경심으로 가득 찬다.

땅꼬가 가장 좋아하는 사람은 단연 엄마다. 이 둘 사이에는 밖에서 주로 시간을 보내는 우리가 범접할 수 없는 깊이가 있다. 땅꼬에게만큼은 누구보다 너그러운 엄마와 몇 번쯤 혼나도 절대 기죽지 않는 땅꼬의 조합은 그야말로 환상의 짝꿍이다. 이들은 서로 무언가를 주고받는다. 그리고 그것으로 살아갈 힘을 얻는다. 그것은 다름 아닌 사랑이다. 땅꼬가 지금껏 고통을 견뎌내며 살아남을 수 있었던 것도 그 덕분이었다. 온 가족이 녀석을 사랑하지만, 엄마의 사랑이 없었다면 녀석은 정말 보름을 넘기지 못했을지도 모른다. 그렇게 사랑을 듬뿍 받고 있음에도 녀석은 언제나 사랑에 고프다. 눈이 마주치기라도 하면 이때다 싶어 야옹거리며 드러눕는다. 못 본 척 시선을 피하면 쫓아다니면서 해드번팅을 한다. 그래도 모르는 척하면 급기야 문다. 그렇게 온 가족에게 한 번씩 쓰다듬을 받더라도 엄마의 특별한 관심 없이는 절대 하루를 시작하는 법이 없다. 엄마가 아침에 가장 바쁘다는 것을 아는 녀석은 엄마의 일이 끝나기를 정말이지 최선을 다해 기다린다. 인고의 시간 끝에 냅다 야옹야옹 반가워하며 밀린 수다를 꺼내는데, 그 순간 녀석이 표현하는 기쁨은 말로 설명하기 어렵다. 녀석은 사료보다 사랑이 자신의 영양분임을 잘 알고 있다. 사료를 기꺼이 내어주는 게 사랑이라는 것도.

8년째 땅꼬의 기적을 바라보며 사랑을 배운다. 사랑이라 언어화하면서도 그 실체에 대한 확신이 없어 머뭇거릴 때 어느 연출님이 일러주었다. 사랑은 아주 선명한 물질이라고. 아무리 생각해도 그 말이 맞는 것 같다. 사랑은 아주 선명한 물질이다.

*

 주인 할머니를 따라 산책하던 강아지가 길가에 서 있던 내 앞에 버티고는 사랑을 갈구하는 눈으로 하염없이 바라본다. 할머니는 느린 걸음으로도 어느새 저 멀리 가 있다. 날 언제 봤다고, 이름 모를 녀석의 눈에선 꿀이 떨어진다. 아무나 붙잡고 서서 이렇게 사랑을 갈구하는 것 같진 않다. 분명하게 사랑을 줄 수 있을 것 같은 사람을 귀신같이 알고 골라 설 테다. 저렇게 작은 생명체도 자기가 사랑받을 곳이 어디인지 본능적으로 안다는 게 새삼 신기하다. 행여 할머니를 놓칠까 어서 따라가라고 손짓해도 녀석은 끈질기게 멈춰 서 있다. "너 가야 해" 하며 할머니를 향해 밀쳐내니 그제야 할머니를 쫓아 뒤뚱뒤뚱 뛰어간다. 할머니를 쫓아가는 녀석의 뒷모습에서도 진한 사랑이 느껴진다.

 최근 한 앵무새 영상을 보다 마음이 몽글몽글해졌다. 사람 아빠가 일곱 마리의 아기 앵무새들을 침대에 눕혀놓고 차례로 굿나잇 인사를 하는 짧은 영상이었다. 모르는 사람이 보기엔 똑같이 생긴 앵무새들에게 차례로 서로 다른 이름을 불러주며 부리에 진한 뽀뽀를 하는 앵무새 아빠의 행복한 얼굴. 앵무새들은 자기 이름을 알기라도 하듯 덮은 이불에서 나와 아장아장 날개짓한다. 아빠에게 뽀뽀를 받으면 그 작은 눈망울들은 세상을 다 가진 듯 충만해진다. 그리고 그 충만함이 휴대전화의 작은 액정을 뚫고 나에게까지 전해진다. 그것은 다름 아닌 사랑이다. 이 영상이 뭐라고, 앵무새들의 그 깊이를 감히 가늠할 수도 없는 눈을 보며 괜히 울컥해서 혼났다.

생각해보면 이렇게 하루에도 몇 번씩 사소하고도 경이로운 사랑을 목격하곤 한다.

*

'자신을 사랑하라'는 요구를 요즘 참 자주 마주한다. 나는 그 잦은 요구만큼이나 자주 나 자신을 사랑하는 데 좌절해왔다. 말은 쉽다. 이론적으로도 쉽다. 내가 나를 사랑하는 것이 논리적으로 어려울 이유가 무어란 말인가? 그러나 현실은 항상 논리와는 여러 겹 어긋나 있다. 세상은 절대 내가 계획한 대로, 내가 생각한 대로 흘러가지 않는다. 나도 나를 무척이나 사랑하고 싶다. 그러나 혼자서 스스로를 사랑하는 것은 아무래도 쉽지 않다. 그것은 깨진 접시에 물을 붓는 것과 같아서 지저분한 물 자국만 흥건히 남을 뿐이다.

내가 하염없이 사랑스러워지는 순간들을 떠올려보면 결국 누군가의 사랑을 듬뿍 받았을 때다. 그 사랑은 단언컨대 내가 무언가를 잘 해내서 성취한 사랑이 아니다. 조금 엉성하게 해내거나 심지어는 엉망진창으로 실패하더라도 주어지는 단단한 사랑일수록 스스로 있는 힘껏 껴안아주고 싶을 만큼 사랑으로 가득해진다. 깨진 접시를 단단하게 메워준 사랑 덕에 나도 기꺼이 나를 사랑할 수 있게 된다. 햇볕 아래 반짝일 깨끗한 물을 접시에 가득 채울 수 있는 사람이 된다. 그 반짝이는 영양분으로 기어이 무엇이든 척척 해낸다.

내 주변의 무수히 많은 사소하고도 경이로운 사랑을 목격하고 관찰할 수 있게 되면서 부쩍 사랑에 대해 자주 생각한다. 부끄럽지만 사랑이 내게 이토록 소중하다는 사실을 깨달은 지 얼마 되지 않았다. 내가 사랑을 그토록 갈구하는 사람임을 알게 된 것도 그 무렵이었다. 정확히 언제부터인지는 모르겠다. 이렇게 구체적으로 말할 수 있게 된 것은 그보다도 훨씬 뒤의 일이다. 오랜 시간 사랑을 갈구하는 것을 부끄러운 일로 여겨왔다. 스스로를 온전히 사랑해주지도 못하면서 타인에게 의존하거나, 타인의 시선에 휘둘리는 것은 불행한 일이라 여겨왔다. 그러나 아니었다. 사랑을 절대 필요로 하지 않을 것만 같은 도도한 고양이들도 저렇게나 사랑을 갈구하는 것을 보면 알 수 있다. 하물며 인간은 어떨지 헤아리기란 그리 어려운 일이 아니다. 그간 애써 센 척하며 버텼던 스스로가 그제야 다시 보이기 시작했다. 이제는 안다. 결국 살아 있는 모든 것은 사랑이 필요하다.

모든 존재에게 사랑이 필요하다는 사실을 깨달으며 사랑의 위력에 대해 다시 한번 생각한다. 사랑은 무엇이든 할 수 있게 하는 원천이다. 누군가의 지지를 통해 내가 가치 있다고 여겨지는 순간 나는 무엇이든 해내고 만다. 심지어 내가 본래 지녔다고 생각했던 능력치 이상의 양과 질로 주어진 일을 해내고 만다. 연기를 하면서 더 분명해진 믿음이다. 공부하고 글을 쓰는 지독히 쓸쓸한 작업마저 누군가의 지지 없이 불가능하기는 마찬가지였다. 나의 글, 나의 의견을 읽거나 들어줄 이들과의 진심 어린 만남이 없었다면 해내기 힘든 일이었다. 그러나 연기를 할 때는 그보다 훨씬 많은 과정에서 타인의 지지가 필요하다. 글은 쓰고 나면 나의 몸과 분리된 생산물로 남아 시간이 지나면 객관화되지만, 연기는 매 순간 나의 몸과 분리할 수 없는 작업이기 때문인지도 모르겠다. 작업물에 대한 '자괴감'에 보다 직접적으로 영향을 받는다고나 할까. 그래서인지 아무리 경험이 많은 배우더라도 관객 앞에 설 때면 불안할 수밖에 없다. 그 불안을 떨쳐버릴 수 있는 유일한 조건은 다름 아닌 관객의, 그보다 앞서 함께 작업하는 동료들의 믿음직한 지지와 사랑이다. 사랑받는 나는 무엇이든 기꺼이 내어줄 수 있게 된다. 자유롭게 말하고 자유롭게 펼쳐 보일 수 있게 된다. 조금 억울할 수도 있지만, 그것이 연기를 잘하기 위한 최선의 조건이다. 아무리 연습을 많이 하더라도 환대받지 못하는 곳에서라면 뚝딱거릴 수밖에. 사실 연기만이 아니다. 사랑과 지지, 조건 없는 환대는 무엇이든 해내게 할 엄청난 위력을 가진 아주 선명한 물질이다.

*

다시, 모든 살아 있는 것들은 사랑이 필요하다. 어쩌면 우리는 사랑을 통해 기꺼이 존재하는지도 모르겠다. 내가 존재하기 위해서는 타인의 존재가 필요하다. 타인이 존재하기 위해서는 역시 나의 존재, 나의 사랑이 필요하다. 그런데 나는 상대가 필요로 하는 방식의 사랑과 지지를 얼마나 전해줄 수 있는 사람이었던가, 잠시 성찰해본다. 사랑은 결코 일방적이지 않다. 사랑을 받는 것만큼이나 사랑을 주는 것이 가지는 충만함이 있다. 기꺼이 무슨 일이든 해낼 수 있게 만드는 사랑의 위력은 사랑을 받는 나에게서뿐 아니라 열렬히 사랑을 주는 나에게서도 발현된다. 물론 그것이 지속적으로 일방적일 때는 반드시 탈이 나고 말지만 말이다. 그러나 탈이 날까 두려워 사랑을 기꺼이 내어주지 못했던 지난날들이 내 생의 가장 못난 시간이었음을 알기에 후회한다. 생각해보면 사랑이 장기간 일방적이기도 어렵다. 언젠가 분명 내게 돌아오게 되리라는 것을 이제는 안다.

언제까지고 막무가내로 누군가의 사랑과 지지를 기다릴 수는 없다. 내가 내어준 사랑이 반드시 내게 돌아오리라는 것을 깨달으며, 사랑받는 가장 쉬운 방법이 사랑을 주는 일이라는 것 또한 깨달았다. 생각해보면 지나가던 강아지가 사랑을 갈구하던 눈은 기꺼이 사랑하겠다는 눈이었고, 충만한 앵무새들의 눈 또한 기꺼이 사람 아빠를 사랑하는 눈이었다. 땅꼬를 살게 하는 것은 엄마에게 받는 사랑이겠지만, 그보다 큰 위력을 지닌 것은 어쩌면 녀석이 조건 없이 엄마에게 내어주는 그 커다란 사랑일지도 모르겠다.

그러니 오늘도 기꺼이 누군가를 지지하고, 기꺼이 누군가를 사랑하고, 기꺼이 누군가를 환대하는 데 인색하지 않기를 다짐해본다. 사랑받을 때의 나도 사랑스럽지만, 사실 누군가를 진심으로 사랑하는 나 또한 무척 사랑스럽다. 기꺼이 사랑을 주어야만 충분히 사랑스러운 사람이 될 수 있음을 다시 한번 되새겨본다. 주변의 사소하고도 경이로운 사랑을 발견할 때마다 이렇게 또 한 번 사랑의 본질을 배운다.

주식, 시詩, 그리고 '이런 인간'

문득 주식을 해야겠다고 생각했다.

나의 '정직한 노동'이 먹을 빵이 되고, 입을 옷이 되는 세상은 이미 끝났음을 직감했다. 아무리 열심히 일해도 최저임금을 벗어나기 어려운 처지고, 최저임금을 벌 기회가 항시 존재하는 것도 아니다. '프리랜서'라는 허울 좋은 말로 포장되곤 하지만, 내 현실은 그야말로 고학력 저임금 프롤레타리아트다. 노동시장에서 잘 먹히는 평균적이고 '예상 가능한' 보통의 것들에서 항상 무언가가 어긋나 있으니 별수 없다. 예상할 수 없는 리스크를 감수하고 배팅할 고용주는 드물 수밖에.

나에게 들어오는 일 중 가장 '고급 기술'을 요하는

것은 내가 뼈 빠지게 공부한 두 분야와 개미 눈곱만큼의 연관도 없는 '터키어 번역'이다. 돈을 최우선에 두고 공부한 것은 아니어도 10여 년간 대학 사회에 있으면서 기술을 향상시키지 않아도 되었을 일이 내게 주어지는 가장 고급 노동이라는 사실에 새삼 언짢아질 때가 있다. 이 기회를 틈타 솔직히 고백하건대 나라면 나한테 한터 번역은 안 맡긴다. 성격상 얼렁뚱땅 넘기지 못해서 초벌 번역을 한 후 가족 찬스를 활용해 문장을 꼼꼼하게 다듬는 방식으로 위기를 모면하곤 하니, 내게 번역을 맡겼던 분들은 걱정하지 않아도 된다. 생각보다 시간을 훨씬 오래 들여서 그렇지, 번역기나 돌리고 퉁 치는 일부 업체 번역보다 훨씬 났다(가끔 다른 번역가의 번역물을 수정할 때가 있는데 이 말은 믿어도 좋다).

객관적으로 봤을 때 내게 번역을 맡기면 안 되는 이유는 너무 선명하다. 나는 터키에서 학교에 다닌 적이 없다. 모국어로 터키어를 사용하기 때문에 뉘앙스를 읽어내는 일에는 전혀 어려움이 없지만 터키어로 전문적이거나 학술적인 글을 쓴 경험이 전혀 없다. 가끔 내가 하기 어려운 일이 들어와 나보다 적합한 번역가를 추천해주면 의아해하는 경우가 있는데, 나에게는 너무 당연한 처사다. 반대로 터한 번역이라면 아무리 전문적인 글쓰기를 요하는 일이어도 무리 없이 할 수 있다. 그러나 국적과 생김새가 말 그대로 '외국인'인 내게 결과물을 한국어로 내야 하는 터한 번역이 들어오는 일은 드물다.

'영어 과외'를 하라거나 '영어 좀 가르쳐 달라'는 이야기를 자주 듣기도 한다. 영어로 자기소개도 겨우 하는 날 뭘 믿고? 코웃음이 나지만 꾹 참고 말한다. 논술이나 국어, 사회 과목은 누구보다 잘 가르칠 자신 있는데! 이번엔 참지 않고 나부터 피식 웃어버린다. 나는 상대도 함께 웃어주길 바라고 한 말인데 웃지 않는 경우가 종종 있다. 배우 일을 하면서도 이 어긋남을 자주 마주한다. 외국인 배우라면 당연히 영어를 잘할 것이라 여기고 배역을 그려놓은 제작진에게 가볍고 밝게 웃으며 '영어는 못해요' 하고 작별을 고한 적도 있다. 세상 쿨한 나의 반응에 당황하는 얼굴들을 보며, 아쉬운 쪽이 내가 아니어서 다행이라 여겼다. 내가 한국어를 어눌하게 할 것이라 여겼던 제작진의 난처한 얼굴 또한 자주 목도한다. 그때마다 '외국인 사투리 꼭 써야 해요?' 하고 물으며 쾌감을 느낀다. 대체로 이 어긋남을 즐기며 살아가는 편인데, 나와 함께 어긋남을 즐길 동료들이 아니라면 굳이 아쉬워하거나 연연하고 싶지 않아 나름 좋은 거름망을 가졌다고 생각한다. 그러니 정직한 노동으로 돈을 벌기란 뿌리부터 글러버린 것이다.

그래서 문득 주식을 해야겠다고 생각했다. 노동이 돈이 되지 않는다면, 돈이 더 큰돈을 버는 세상에 발맞춰 살아야겠다 싶었다. 아주 조금, 세상의 공식에 '삐딱하지 않은' 자신에게 죄책감이 들긴 했지만, 매 순간 어긋나게 사는 것을 누가 보상해주지는 않는다는 한 줌 모래알 같은 생각으로 죄책감을 영영 묻어버리기로 했다. 그것이 왜 죄책감이어야 하는지 도무지 납득할 수도 없었다. 200만 원을 1년 만에 1,600만 원으로 불린 친구가 있어 혹했던 것도 사실이다. 그건 아주 특별한 케이스라고, 괜한 환상을 가지지 말자고 외면하려 애썼지만 이미 내 마음은 자기 멋대로 김칫국을 시원하게 들이켜는 중이었다. 노는 돈 200만 원만 구하면 된다! 200만 원만! 애당초 노동이 돈이 되지 않는다는 것을 직관하고 결정한 사안이었기에 말 그대로 눈에 뵈는 게 없었다. 언제 돈을 '벌어서' 투자해? 딱 이번 한 번만, 3개월만 엄마한테 200만 원을 빌려볼까 전전긍긍하던 사이, 운이 좋게 꽤 규모가 큰 번역 일이 들어왔다. 영상 번역이라 몇 분 몇 초에 나오는 말인지 자막을 달아가며 작업해야 하기 때문에 드는 품에 비해 임금은 헐값이었지만, 나는 당장 200만 원이 필요했다(아! 다행히 터한 번역이었다). 분량이 꽤 많아 일주일 꼬박 고생하면 월말에 200만 원가량이 들어올 터였다. 일주일간 잠을 줄이며 자막까지 깔끔하게 체크한 번역물을 넘겼다. 그리고 다음 날, 신나게 교보문고로 향했다.

주식을 하려면 공부가 필요했다. '주식 공부'라고 하면 기업에 관한 정보를 얻고 재무제표를 보는 등 기업을 분석하는 방법을 익히는 거라고 생각하겠지만, 나에게 당장 필요한 정보는 그런 고차원적인 것이 아니었다. 이미 김칫국은 배불리 들이켰지만 당장 사람들이 어디서 어떻게 주식을 사고파는지조차 알지 못하는 세상 바보였다. 검색도 뭘 알아야 할 텐데, 어떻게 검색해야 할지조차 막연했다. 그래, 책을 찾아보자. 주식

책은 최신으로 봐야 할 것만 같은 알 수 없는 소신으로 부랴부랴 교보문고로 향한 것이다. 곧 철 지나버릴 주식 책을 살 요량은 아니었다. 쓱 훑어보며 정보를 얻고 자료를 검색할 수 있는 단계로 나아가는 것이 그날의 소박한 목표였다. 오랜만에 찾은 교보문고에서 필요한 학용품을 몇 개 사고, 주식 책을 찾아다니던 중이었다.

한 시간 뒤, 저 멀리 기둥에 "주린이를 위한"이라고 시작하는 책의 광고를 보고 정신을 차렸다. 내 손에는 이름 모를 작가의 시집이 들려 있었다. 에세이나 소설 코너도 아닌 무려 '시집 코너'에서 한 시간째 길을 잃은 것이다. 뜨끔했다. 내가 교보문고를 찾은 이유는 분명 주식이었는데, 나는 왜 '하필' 시집 앞에서 정신을 잃었는가? 그 상징성에 웃음이 나고 말았다. 다리가 아픈 줄도 모르고 한 시간 내내 서서 조심조심 책장을 넘기며 얻은 것은 시적 언어가 주는 마음의 위안이 아니었다. 누군가에게 이야기할 좋은 농담거리가 생겼다는 씁쓸한 즐거움이었다.

나는 왜 자본주의 인간이 되지 못하는가? 선천적으로 글러먹은 것일까? 아무도 모르게 마스크 안에서 혼자 낄낄 웃다가 시집을 내려놓고 '주린이를 위한'으로 시작하는 그 책을 잠시 들춰보았지만 정말 아무 흥미도 생기지 않았고, 그 앞에 서 있는 것이 괜실히 부끄러워져 모자를 푹 눌러쓰고 교보문고를 나왔다. 터덜터덜 집으로 걸어가며 생각했다. 나는 또 왜 이 일이 이렇게도 웃길까? 주식을 해야겠다고 마음먹으며 가졌던 아주 조금의 죄책감이, 왜 죄책감이어야 하는지 납득할 수 없었던 그 이상한 죄책감이 결국 이긴 것일까? 차라리 속 편했다. 나는 어쩔 수 없는 '이런 인간'임을 깔끔하게 받아들이기로 했다. 명치 부근에 꽉 막혔던 김칫국이 그제야 소화되는 듯했다.

아직 주식에 대한 희망(?)을 버리진 못했지만, 김칫국으로 체했던 시간이 훌쩍 지나버린 것은 분명하다. 이젠 좀더 눈에 뵈는 게 있는 상태다. 결국 '주식 어떻게' 따위의 부끄러운 검색어를 통해 얻어걸린 정보로 증권사가 무엇인지도, 사람들이 주식을 사고판다는 그 어플이 무엇인지도 알게 됐다. 나름대로 어떤 증권사를 선택할지도 결정했고, 학교 연동 전자도서관에서 주식 관련 책을 훑어보며 경제 관련 정보를 수집하고 분석하며 투자해야 한다는 기본 원리도 알게 됐다. 최소한 경제신문을 보게 됐고, 여전히 경제신문 속 '특정 기업이 돈을 잘 벌거나 새로운 기술을 개발하기만 하면 모두의 생활이 윤택해질 것 같은 꿈과 환상의 나라'가 낯설지만 내가 그 환상에 현혹되지 않을 만큼의 안목을 가졌다는 사실을 알게 돼 다행이라 여기고 있다.

덧: 그리고 그렇게 시간이 훌쩍 지나버리는 동안 투자는커녕 아직 주식 계좌마저 트지 못했다. 주식을 하지 말라는 하늘의 계시일지도 모를 우여곡절이 연속적으로 찾아왔다. 마음을 먹은 시점에 하필 신분증을 잃어버려 재발급을 받기까지 두 달가량 걸렸고, 이런 일이 잘 없는데 번역료 지급이 드물게 지난해져서 5개월 넘게 걸렸다. 결정적으로 외국인인 내가 주식 계좌를 만들기 위해서는 무려 여의도에 있는 '증권사 본사'에 찾아가야 한다는 사실을 알게 됐다. 나에게 주식은 어플에서 몇 번의 클릭과 인증으로 가능한 게 아니었다. 어플로 가입한 간편 거래 고객과는 거래 수수료부터 근본적으로 다를 예정이었다. 지독한 I라 도무지 발

걸음이 옮겨지지 않은 것도 사실이지만, 그보다는 좀 더 본질적인 이유가 여의도로 향하지 못하게 했다. 내가 주식을 한다면 나는 뉴스에 자주 나오는 '외국인 투자자'가 되는 셈인데, 200만 원으로 전전긍긍하던 현실과의 간극을 스스로 메우지 못해 차마 발을 내디딜 수 없었다.

돈 벌기는 글러버린 부류의 인간

 일명 부캐의 유행이 사그라질 즈음, 부업의 유행이 찾아왔다. 나는 연기를 하고 글을 쓰는 'N잡러'이지만, 두 본업 모두 충분한 돈이 되지는 않는다. 오래전 터키어 번역가로 등록한 프리랜서 마켓을 통해 간간이 번역할 거리를 받거나, 지인들이 주는 소소한 아르바이트를 하며 생활하는 중이다. 일반 자영업 사장님들은 능력과 별개로 외국인을 쓰지 않는다. 소통이 어려울 것이라는 사장의 직접적인 편견 또는 손님들이 불편해할 것이라는 간접적인 편견 때문에 그렇다. 어쨌거나 부업이 유행하기 훨씬 전부터 나는 '부업'으로 먹고 살아온 셈이다. 그 부업이 남들이 말하는 그 부업이 아니긴 하지만, 누구보다 프리하지 않은 프리랜서로 살아가고 있는 것만은 분명하다. 앞에서 언급했던 것처럼 더 이상 나의 노동이 돈이 되는 세상이 아님을 직감하고 '주식'을 알아보았던 것도 조금 프리해져야 연기를 하거나 글을 쓰는 본업을 본업답게 할 수 있을 것 같아서였다.

사실 이미 생각이 그 단계까지 가기 전에 여러 시도를 해왔다. 코시국과 함께 '부업' 시장에 너도나도 뛰어들기 훨씬 전의 일이다. 그중 가장 그럴싸했던 것이 '터키 음식' 콘텐츠였다. 지인들의 권유로 작게 시작한 어머니의 쿠킹클래스가 지인들이 데려온 또 다른 지인들로 인기몰이하는 것을 보며 유튜브 콘텐츠를 궁리했던 적이 있다. 유튜브야 오래전부터 하고 싶었지만, 외국인임을 전면에 내세워 한국말을 잘한다는 이유로 '국뽕' 콘텐츠로 전락하긴 싫었다. 무엇보다 나에게는 배우라는 업이 더 소중했기 때문에 함부로 특정 이미지를 만들고 싶지도 않았다. 요리 콘텐츠는 얼굴이 나오지 않아도 되니 그 모든 염려에서 자유로웠다. 채널을 키우는 방법은 요령이 생기리라 여겼고, 무엇보다 콘텐츠 자체의 퀄리티가 보장되어 있었기 때문에 시작해 볼 만했다. 그러나 내가 할 수 있는 최선의 환경을 조성해서 카메라를 세팅하고 이것저것 시도해보았지만 처참히 실패하고 말았다.

사람을 찍는 것보다 요리하는 과정을 찍는 것이 몇 배는 더 어려웠다. 내가 카메라를 잘 다루지 못하는 탓도 있지만 온통 하얗기만 한 우리 집 부엌에서는 찍힌 음식이 도무지 맛있어 보이지 않았다. 사실 더 큰 문제는 엄마를 설득하는 것이었다. 쿠킹클래스의 흥행을 목도한 엄마는 유튜브를 흔쾌히 허락했다. 하지만 기왕 음식을 한다면 온 가족이 며칠씩 먹어야 한다는 신념을 버리진 않았다. 대용량은 잘 팔리지 않을 것이라는 기나긴 설득 끝에 소량의 음식을 엄마가 요리하면 내가 찍기로 했지만, 앵글을 바꿔가며 몇 번씩 다시 찍는 것에 성을 내셨고 결국 모든 촬영은 다툼으로 끝나고 말았다. 성격이 나보다도 급한 엄마는 내가 앵글을 맞추는 것을 기다려주지 않고 다음 진도를 훌쩍 나가버렸다. 그렇게 한 시간 걸릴 요리가 다툼을 포함해 세 시간씩 걸리자 백기를 들었다. 지금 생각하면 코미디가 따로 없었다. 결국 내가 직적 요리하고 찍어보기도 했으나 이번에는 카메라 세팅이 문제였다. 안 그래도 맛없게 보였던 음식들이 한결 맛없게 보여서 도저히 사용할 수 없었다. 그렇게 요리 유튜브는 포기할 수밖에 없었다.

생각해보면 나는 항상 돈이 되는 유행의 최전선에 있었다. 내가 유튜브를 포기한 그즈음 백종원 씨가 어느 방송에서 터키의 카이막Kaymak을 소개하면서 카이막과 더불어 터키 음식 열풍이 불었다. 사람들의 관심이 집중되었을 때 조금만 밀어 붙였더라면(!) 어쩌면 괜찮은 파이프라인을 구축했을지도 모른다. 뿐만이 아니다. 그즈음 친구가 취미 클래스를 찍어주고 강의 형태로 판매하는 회사가 있다며 직접 촬영이 어려우면 그 사이트와 협업하는 게 어떻겠냐고 제안했다. 잠시 고민했지만, 엄마를 다시 설득할 생각에 스트레스부터 받았고, 무엇보다도 인강처럼 판매하면 얼마나 팔릴까 싶어 시도하지 않기로 했다. 유튜브처럼 사람들이 쉽게 접근하는 것이 아니라면 누가 돈을 내고 인터넷으로 요리를 배울까 싶었다. 그리고 얼마 지나지 않아 코로나 시국이 찾아왔고, 내가 하지 않기로 했던 취미 클래스 사이트는 승승장구했다. 비슷한 형태의 다른 사이트도 급속도로 늘면서 인터넷 취미 클래스가 성황을 이뤘다. '눈 딱 감고 시도해봤더라면' 하고 열을 내기엔 사실 딱히 후회되지도 않는다. 그 사실이 〈포레스트 검프〉식 코미디 같아 피식 웃을 뿐이다.

부업 열풍도 인터넷 클래스가 인기를 얻으면서 시작된 것이었다. '돈이 되는 취미' 또는 '하루 한 시간씩 글 쓰며 월 천만 원 벌어요' 같은 카피가 곳곳에 등장하기 시작했다. '경제적 자유'라는 말도 그렇게 세간의 화두가 되었다. 그 현상을 지켜보면서도 돈이 되는 마땅한 본업조차 없는 나란 인간은, 월 천만 원씩 벌던 사람들이 왜 하나같이 인터넷 클래스를 하며 돈을 벌고 있을까 의심부터 했다. 지금도 마땅히 의심 중이다. 한때 월 천만 원짜리 파이프라인을 만든 것이야 거짓이 아니겠지만 이제 그들의 본질적인 파이프라인은 몇 년 전에 찍어놓은 클래스 영상임에 틀림없다. 부업 열풍이 일면서 프리랜서 마켓에서는 '전자책'이라는 이름으로 PDF 형식의 파일을 판매하는 것이 한동안 인기를 끌었다. 역시나 대부분 부업을 위한 전자책들이었다. 이번엔 전자책 시장과 클래스 시장에 '열흘 동안 쓴 전자책으로 월 백만 원 부수익 만드는 법' 같은 카피들이 등장하기 시작했다. 부업을 위해 등장한 학습 도구들이 다시 부업이 되는 시대인 것이다. 그중에는 분명 종이출판의 비용을 줄임으로써 좋은 글이 소비자 입장에서는 더 싸게 생산자 입장에서는 더 마진이 많이 남는 방향으로 거래되는 경우도 있을 것이다. 그러나 열흘 만에 써서 종이책보다 비싼 PDF를 팔다니, 굳이 사보지 않아도 그 질을 가늠해볼 수 있을 것 같아 씁쓸했다.

돈이 되는 본업조차 가지지 못한 주제에 꼬인 생각을 하는 스스로를 아무리 성찰해보아도 도무지 타협할 수는 없었다. 어쩌면 그래서 이 시장에서 마땅히 돈을 벌지 못하고 있는지도 모르겠다. 나는 내가 무언가를 할 수 있다는 확신이 들기까지 시간이 제법 걸리는 사람이다. 누군가를 가르치는 것은 고사하고 그 일을 실제로 할 만큼 나의 능력치에 대한 확신이 생기기까지 자신을 갈아내고 닦아가며 다듬는다. 이제 확신이 들기 시작한 기술들이 몇 있지만, 당장 돈이 되지 않으니 문제다. 최근에 알게 된 어떤 사람은 작금의 시대를 초보가 왕초보를 가르치는 시대라고 했다. 내가 찾던 문장을 이렇게 적확하게 구사해주다니, 가렵던 곳을 누군가가 시원하게 긁어준 기분이었다. 무엇보다 이런 생각을 하는 사람이 혼자가 아니라 다행이었다. 한편으론 초보여도 가르칠 엄두를 낼 수 있는 것이 능력임을 믿어 의심치 않는다. 그런 의미에서 나는 무능력한 사람이다. 그것이 세상의 기준이라면 기꺼이 받아들이겠다. 도무지 동참하고 싶지는 않아 그냥 무능하게 남아 있기로 한다.

내 기억에 의하면 2010년 전후에 자기계발서가 미친 듯이 팔리던 시절이 있었다. 그때부터인지 그 훨씬 전부터인지는 몰라도 '자기계발'은 하나의 범접할 수 없는 장르가 됐다. 지금은 '갓생'이라는 신조어와 부업 열풍이 세트로 묶여 회자되곤 한다. '동기부여'가 이 장르의 대표적인 표현이다. 유튜브만 보더라도 '경제적 자유'나 '부업' 같은 일명 '갓생'을 위한 키워드와 연결된 '동기부여' 콘텐츠가 가득하다. '이렇게 방법을 다 알려줘도 실제로 하는 사람은 100명 중 한 명도 안 된다'며 열을 올리는 사람도 많다. 자기계발 분야 콘텐츠를 찾아볼 일 없는 나 같은 사람에게도 알고리즘에 의해 종종 그런 장르의 영상이 뜰 정도다. 알고리즘에 대한 성찰 없이 아무 영상이나 뜨는 대로 볼 만큼 무기력한 나날들을 보내던 어느 날이었다. 코로나의 영향으로 가난과 무기력이 뒤엉켜 마음이 소진된 상태였다. 의지만 있으면 누구든 쉽게 돈을 벌 수 있다고 말하는 화자의 말에 나도 모르게 발끈했다. 저이의 말대로 나는 정말 의지가 없는 걸까? 엄마와 트러블이 잦은 탓에 독립 의지만큼은 최대치로 올라와 있었던 터라 뭐라도 해볼 기세로 부업 목록부터 작성했다.

처음 들어본 'NFT크리에이터'부터 익히 알아온 유튜브, 블로그, 티스토리, 전자책, 이모티콘, 스마트스토어, 크라우드 펀딩, 부동산, 공간임대업 등을 하나하나 살펴보기로 했다. 유튜브는 앞서 말한 이유들 때문에 가볍게 제하고, 크라우드 펀딩은 내가 아이디어 상품을 개발할 것이 아니므로 역시 제했다. 나중에 원래 있는 상품을 싸게 떼와 비싸게 펀딩하는 것이 사회적으로 이슈가 되는 것을 보며 제하길 잘했다고 여겼다. 전자책도 고민할 것 없이 제했다. 열흘 만에 쓴 정보 제공 PDF 파일이 팔리는 시대에 동참하고 싶지 않았다. 책을 쓰고 있긴 하지만 이 글들이 프리랜서 마켓 전자책 시장에서 잘 팔릴 글은 아니므로 더 생각할 것도 없었다. 이모티콘은 도무지 엄두가 나지 않았다. 아무리 그림을 못 그려도 상관없다지만 나의 이모티콘 소비 패턴을 살펴봤을 때 내가 이모티콘 장사를 한다는 건 말이 안됐다. 떡도 먹어본 놈이 맛을 안다고 이모티콘 특유의 만화적 센스가 내겐 없었다.

이제 남은 것은 부동산, 공간 임대업(파티룸, 스튜디오, 연습실), 블로그(티스토리), NFT 그리고 스마트스토어였다. 하나씩 도장 깨기처럼 공부해보기로 했다. 평소 같으면 절대 찾아보지 않을 책들을 찾아 읽었다. 배운 게 도둑질이라 인터넷보다 전문가가 쓴 책을 찾아보는게 편했다. 우선 경매와 청약을 다룬 부동산 관련 책을 두 권 읽었는데 자본금이 적고 대출한도 자체가 크지 않은 외국인인 나에게는 적합하지 않은 것 같아 제했다. 공간 임대업도 자연스럽게 탈락했다. 언젠가 빈 시간에 내가 작업하거나 연습할 수 있고, 간간이 워

크숍을 열 수도 있는 대관용 연습실을 운영하고 싶지만 지금은 현실적으로 불가능했다.

다음은 NFT였다. 가장 재밌게 공부한 분야이기도 했다. NFT의 미래가치가 실제로 어떨지는 모르겠지만 어쨌든 새로운 문화를 알게 됐다는 점에서 알찬 시간이었다. 메타버스는 들어만 봤지, 아바타를 만들고 가상 도시에서 돌아다니면서 무언가를 소비하는 것이 어떤 투자 가치가 있는지는 몰랐다. 이번 기회에 조금은 이해할 수 있었는데, 블록체인과 코인 기반으로 운용되는 시스템이라 코인에 대해 다분히 가지고 있던 오해도 함께 풀 수 있었다. 하지만 있지도 않은 자본금을 털어 투자하고 싶지는 않았으므로 이제 남은 가능성은 'NFT 아트'를 직접 만드는 것뿐이었다. 공부해보니 'NFT 아트'는 이미 내가 '유명'해야만 돈이 되는 시스템이었다. 따라서 쓸데없이 환경을 파괴하면서까지 달려들고 싶진 않았다(가상세계에 웬 환경오염인가 싶겠지만, NFT의 블록체인 기술을 실행하는 과정, 일명 '채굴' 과정에 어마어마한 전력이 사용되면서 아주 많은 이산화탄소가 배출되어 심각한 환경오염을 일으킨다고 한다).

하나씩 소거될 때마다 의지가 꺾이지 않기 위해 부단히 노력하면서 블로그, 티스토리 관련 책을 구했다. 결론부터 말하자면 여기서 다른 의미로 '의지'가 사라졌다. 내가 찾아 읽은 책은 분명 고유의 ISBN 번호를 받고 적법하게 출판된 것들이었다. 전자책이라는 이름으로 팔리는 무형의 PDF 파일이 아니었다. 혹시나 하는 마음에 여러 번 눈을 비비며 확인했다. '책'이 꼭 숭고한 가치를 담고 있어야 한다고 여기지는 않는다. 책을 무조건 신뢰하는 것도 아니다. 애초에 철학적인 앎을 기대하고 본 책도 아니다. 그러나 출판되어서는 안 되는 내용이 담겨 있는 것은 참을 수 없었다.

책에는 검색 유입률을 높이기 위해 키워드를 어떤 방식으로 몇 번 이상 사용해야 하는지, 그림과 글을 어떻게 배치해야 하는지 등의 유입 알고리즘을 활용하는 방법과 광고 클릭률을 높이기 위해 자신이 쓴 글과 광고의 키워드를 어떻게 통일시키는 것이 좋은지 등의 광고 알고리즘을 활용하는 벙법, 그리고 이 모든 것을 실질적으로 컴퓨터 화면에서 어떻게 수행하는지에 대해 구체적으로 적혀 있었다. 여기까지는 일명 '블로그

형' 글이 탄생한 배경을 분석하는 재미가 있었다. 자기가 정말 좋아하고 잘 아는 것에 대해 정성스럽게 쓴 양질의 콘텐츠는 인기를 얻기 어려운 시스템임을 확인하는 것 같아 씁쓸했지만 의식적으로 그런 생각을 꾹꾹 눌러 담았다.

문제는 콘텐츠에 대한 이야기로 넘어가면서였다. 어떤 주제가 잘 먹히는지와 콘텐츠를 어떻게 구상해가며 하루에 서너 편씩의 글을 꾸준히 쓸 수 있는지 다루는 파트였는데, 여기서 피력된 저자의 '노하우'는 도저히 납득할 수 없는, 납득해서도 안 되는 내용이었다. '인기 있는 해외 블로그나 저널을 번역기에 돌린 다음, 표절 검사에 걸리지 않게 어미 등을 바꾸어 올리면 된다'는 식의 구체적인 방법이 적혀 있었다. 두 눈을 의심했다. 아주 분명한 문장이었음에도 내가 오독했을 여지를 남겨놓고 여러 번 같은 구간을 반복해서 읽었다. 나도 모르게 "그게 바로 표절이야!"라고 육성을 내지르고 말았다. 더 괘씸한 것은 저자도 그것이 표절임을 분명하게 알고 있었으며, 어미를 바꾸라는 노하우까지 제공했다는 점이다. 표절하되 걸리지 말라니. 내 기준에서는 납득할 수 없는 윤리적인 문제였다. 문득 스쳐 읽었던 블로그 글들의 이상한 어미 처리가 떠올랐다. 죄책감이 들었다. 나도 여기에 숟가락을 얹어왔다는 자책이었다. 검색을 통해 그때그때 필요한 정보를 불필요하게 빠르고 간단하게 얻고 있던 무수히 많은 사람 중 하나였으니 말이다.

육성으로 소리를 뱉고 나서 지그시 눈을 감았다. 그리고 불현듯 정신을 차렸다. 아, 나는 안 될 놈이구나. 책을 읽는 내내 꾸역꾸역 올라오는 생각을 애써 삼켰던 것은 어쩌면 적절한 핑곗거리를 찾지 못해서였을 것이다. 의지가 없어서 돈을 벌 수 있는데도 하지 않는 것이라는 삿대질을 반박할 적절한 핑곗거리 말이다. 어쩌면 이렇게까지 열심히 공부한 나의 기저에는 그들의 논리를 반박하고 싶어하는 칼날이 원래부터 숨어있었는지도 모르겠다. 뭐, 맞는 말이다. 나는 의지가 없다. 돈을 벌기 위해 수단과 방법을 가리지 않고 무엇이든 할 의지는 없다. 단순히 표절하지 않는다는 기본적인 윤리를 지키는 것에 그치지 않고, 나는 내가 하는 일의 영향력을 계속 성찰할 수 있는 사람이길 간절히 바란다. 그래서 당장 내가 할 줄 알고 잘할 수 있는 일이 충분한 돈이 되지 못하더라도, 무리해서 초보적인 수준의 지식이나 경험을 엄청난 값어치가 있는 듯 포장해서 팔고 싶지도 않다. 내 취향이 아니어서 직접 생산하지도 않은 지식을 내 것처럼 정보의 바다에 미끼로 던져 일확천금을 노리고 싶지도 않다. 설사 그것이 무능하거나 의지가 없는 짓이어도 할 수 없다. 나란 인간은 아무래도 돈을 벌기엔 글러버린 듯하다.

그래도 한마디 덧붙이고 싶다. 부업 열풍의 배경에는 취향이 가치를 갖고, 그 자체가 돈이 되기도 하는 시대라는 본질적인 변화가 있다. 블로그, 온라인 클래스, 전자책 등은 물론, 스마트스토어나 공간 운영도 취향과 결합하여 가치를 갖는 업이다. 정보의 바다가 만든 거품이 걷히고 스스로가 정말 좋아하고 잘 아는 것에 대해 정성스럽게 쓰거나 만든 양질의 콘텐츠나 재화가 제값에 거래되면 좋겠다. 각자의 취향이 가치를 갖는 시대는 아무래도 반갑지만, 돈 자체가 취향이 되지는 않았으면 좋겠다. 충분히 가치 있는 취향과 능력을 지닌 사람들이 이를 자본화하는 데 실패하고 있다면 그 알고리즘에는 문제가 있다고 할 수 있다. 비록 나는 돈을 벌기에 글러버린 부류의 인간이지만 취향을 가진 모두를 응원하려 한다.

우리 집 여자들과 자기만의 방

 일명 '드라이기 대첩'이 벌어졌던 해에 나는 만 스물여덟이었다. 나이에 큰 의미를 두고 살진 않지만, 만 28, 29세의 나는 한국식 나이와 만 나이를 오가며 나이를 선택적으로 취했다. 서른은 왠지 어른이어야만 할 것 같은 나이임으로 '드라이기 대첩' 당시의 나는 그냥 치기 어린 28세이기로 결정했다.

 이사를 하면 드디어 동생과 방을 분리할 수 있으리라는 기대가 처참히 무너진 후, 방을 함께 쓴 지 2년여가 지난 때였다. 집에 새 가구를 들였다. 사람 대비 수납 가구가 현저히 부족해 철마다 옷을 꺼냈다 넣는 게 여간 성가신 게 아니었다. 이민을 간 지인에게 가구와 전자제품 몇 개를 얻었고, 중고로 필요한 가구를 추가로 찾아가며 망가진 것은 버리고 필요한 것은 새로 들이는 대대적인 작업을 했다. 앞으로 절대 입지 않을 옷가지나 사용하지 않을 물건은 한데 모아 비우고, 남은 물건들을 체계적으로 정리했다. 세간살이를 재정비하니 그간의 삶을 일단락 정리하는 기분이었다. 처음에는 흥미를 보이지 않았던 동생도 침대의 위치를 바꾸면서 이전에 없던 여분의 공간이 생기자 슬슬 정리에 동참했다. 옷장과 서랍장을 공유했기 때문에 함께 쓰는 칸의 정리 방법을 서로 기분 좋게 합의했다. 그야말로 저렴한 비용과 고급 노동을 통해 할 수 있는 최선의 구성을 완성했다. 애매하게 불편하거나 마음에 안 드는 가구는 미숙한 목공기술로 개조하기도 했다. 원래 무지하면 용감한 법이다. 중고 거래를 하다 우연히 얹어온 서랍장 겸 화장대까지 모든 게 제자리를 찾아 방이 제법 아늑해졌다.

그런데 정리 정돈과 리모델링에 남다른 재능을 발견하고 아늑한 공간에서의 생활을 만끽하기 시작한 지 얼마 지나지 않아 문제가 생겼다. 고양이는 이미 오차 없이 계산되어 있던 존재였으므로 아늑함을 침범하는 것은 역시 인간이었다. 드라이기를 매번 사용하고 바로바로 집어넣기로 한 약속을 동생이 어긴 것이다. 제 위치에 있어야 할 드라이기가 작은방 콘센트에 꽂혀 있는 것을 보고도 여러 번 참았다. 동생은 내가 아직 잠들어 있는 이른 아침에 드라이기를 꺼내 다른 방에서 사용하고 다시 제 위치에 놓아야 하는 상황이 불편했을 것이다. 그렇다고 작은방에 꽂아두고 쓰자는 동생의 제안을 받아들일 수는 없었다. 동선이 불편해지는 건 그렇다 쳐도 물건이 지저분하게 나와 있는 게 싫었다. 드라이기는 함께 돈을 모아 후기까지 꼼꼼하게 따져 산 유일한 새 가전으로, 우리에게 동일한 지분이 있는 물건이다. 내 입장에서는 동생이 일방적으로 떼를 쓰는 것이었고, 동생 입장에서는 내가 융통성 없는 꼰대인 셈이었다.

사실 드라이기만의 문제는 아니었다. 바쁘고 피곤하다는 핑계로 동생이 위반하는 사소한 것들이 언제나 눈에 밟혔다. 떨어진 머리카락이나 벗어놓은 보름치 옷더미는 말할 것도 없었다. 대체로 집에서 일하는 나는 책상 앞에 앉기 전에 청소부터 해야 안정이 되는 사람이라, 기껏 힘들여 마련한 아늑한 공간을 동생의 너저분함 때문에 온전히 사용하지 못했고, 동생은 학교 연구실로 출퇴근하던 때라 집에서만큼은 마음 편히 쉬고 싶다며 아우성을 늘어놓곤 했다. 물론 동생 말이 이해가 되지 않는 건 아니지만 납득이 되지는 않았다. 이건 공유하는 공간에 대한 기본적인 매너 문제였다. 나도 시간이 늘 부족하고 피곤하기는 매한가지였다. 그럼에도 이것저것 쌓이기 전에 조금씩 할 일을 하는 게 상대에 대한 배려라고 생각했다. 그러니 매일 출근 전에 20분씩 싫다는 고양이를 껴안고 시간을 보내는 동생이 내내 못마땅할 수밖에 없었다. 도무지 틈이 나지 않아 할 수 없는 상황이라면 이렇게까지 속이 부글부글 끓진 않았을 것이다. 나라고 짬짬이 고양이를 안고 싶지 않았겠는가. 드라이기가 빌미가 된 것은 그 때문이었다.

  몇 번은 좋게 이야기했고, 몇 번은 약속을 지키라고 정확하게 충고했다. 그러나 달라지지 않았다. 동생이 당당하게 싫다고 말하는 순간 화가 치밀었다. "한 번만 더 약속 안 지키면 드라이기 숨겨놓을 거니까 알아서 해. 내가 못할 것 같지? 어떻게 하나 보자!" 충고는 이내 치사한 협박이 되고 말았다. 이제 드라이기는 자존심 문제였다. 빈말하는 사람이 되긴 싫었다. 아침마다 힘겹게 드라이기를 꺼내 쓸 에너지와 수고로움을 아끼지 않고 정말로 드라이기를 깊숙이 숨겼다. 그리고 예상대로 난리가 났다. 부모님이 싸움을 중재하기 위해 애를 써서 순순히 한 번은 드라이기를 꺼내주었다. 물론 "다음부턴 짤 없을 줄 알아. 제자리에 갖다 놔라" 하는 협박도 잊지 않았다. 그러나 내 말을 귓등으로 들으며 코웃음 치는 동생의 반응에 굳게 마음먹었다. 다음 번엔 절대 사과와 약속을 얻어내기 전까지는 내어놓지 않으리라고.

그날 밤, 숨긴 드라이기를 빌미로 다시 싸움이 시작됐다. 사실 지금은 왜 그때 싸움이 그렇게 커졌는지 잘 기억나지 않는다. 동생이 화를 이기지 못하고 나를 밀쳤고, 순간 본능적으로 동생의 머리카락을 잡아챘다. 동생도 자연스럽게 내 머리카락을 잡았다. "놔라", "니가 먼저 놔라"를 시전하다 서로 어색하게 소중한 머리카락만은 놓아주기로 했다. 정말이지, "놔라", "니가 먼저 놔라" 하는 대사가 실제로 내 입에서 나올 수 있는지 그때까진 미처 몰랐다. 머리끄덩이로 시작된 싸움은 이내 치고받는 개싸움으로 번졌다. 솔직히 나도 조금 놀랐다. 여섯 살 터울인 동생과 치고받고 싸운 것은 그때가 처음이었다. 나이 차이가 나는 편이라 아주 어린 시절에도, 크고 작은 다툼은 있었지만 몸으로 치고받은 기억은 없다. 드라이기 정리에는 아무 효력을 보지 못했지만, 어쨌거나 싸움에선 내가 이겼다.

자다 깬 부모님은 개싸움 현장을 보고 할 말을 잃었고, 동생은 나와 못 살겠다며 울고불고 하더니 간단한 침구를 들고 거실로 나갔다. 분한 마음에 눈물이 맺히긴 했지만 동생처럼 소리 내서 울진 않았다. 그러니 승자는 나라고, 굳게 믿기로 했다. 콧등과 튀어나온 눈썹 위로 올라온 멍 자국과 이마 위 긁히거나 찍힌 자국을 발견한 건 다음 날 아침이었다. 영광의 상처라고 하기엔 하나도 영광스럽지 않았지만 치기 어린 이십대의 일로 추억하기로 하며 '드라이기 대첩'이라 이름까지 붙였다.

나만의 방을 꿈꾸는 이유가 드라이기 대첩 때문만은 아니었다. 이 일로 새삼스럽게 더 절실해진 것은 맞지만 '나만의 방'에 대한 욕구에 불을 지피는 것은 언제나 엄마였다. 내가 원치 않는 희생을 사랑이라 여기는 엄마는 그 희생의 대가로 내 몸을 통제하려 한다. 이전엔 요란하게 맞서 싸웠다면 이제는 조용히 통제당하지 않는 법을 터득했다. 그럼에도 그 과정에서 생기는 스트레스는 어쩔 수 없다. 하루에 한 번 이상은 숨이 턱 막힌다. 정말 턱, 하고 막혀버린다. 엄마가 원하는 대로 통제되지 않는 서른의 몸뚱이를 엄마는 엄마대로 힘들어한다. 자신의 희생을 나열하며 나 때문에 불행하다고 울먹인다. 구구절절한 그 사연에 눈물이 핑 돌 때가 많다. 그러나 역시 이해는 되지만 납득해서는 안 된다. 엄마가 스스로 만든 족쇄에 나까지 꽁꽁 묶는다고 해서 엄마가 정말 행복해지지 않을 것을 알기 때문이다. 무엇보다 나는 엄마의 소유물이 아니다.

그 때문인지 엄마와의 관계는 아직도 청소년기 수준에 머물러 있다. 이제 노년을 향해 가는 엄마는 아직도 고유한 자기 삶을 살아본 적이 없다. 그럴 때마다 생각한다. 차라리 엄마와 나는 떨어져 지내야 서로 행복할 것 같다고. 나는 더 이상 통제당할 빌미를 잡히지 않을 것이고, 엄마는 더 이상 눈에 자꾸만 아른거리는 자식을 위해 희생할 필요가 없어질 테니까.

사실 우리 집 여자들은 그저 자기만의 방이 필요한 것이다. 엄마는 희생해서 키워야만 할 것 같은 자식들이 없는 방에서 온전히 자신을 돌보는 경험을 해본 적이 없다. 그래서 이제는 그 가치와 필요성조차 알지 못하는 사람 같다. 자식들이 자기만의 방에서 잘 살면서 엄마의 방을 마련해준다면 조금은 그 가치를 깨닫지 않을까?

동생은 꼰대들이 없는 온전한 쉼의 공간이 필요하다. 하루 종일 사람들과 부대끼며 지친 몸을 온전히 회복할 조용하고 아늑한 공간. 누구도 방해하지 않고, 누군가를 배려하지 않아도 되는 자기만의 온전한 공간 말이다. 나도 마찬가지다. 따로 사무실이 없는 프리랜서인 나는, 누군가의 통제나 방해를 받지 않고 온전히 창작할 수 있는 현실적인 공간이 필요하다. 앉아서 만족감을 느끼며 글을 쓸 수도 있고, 필요하면 대사를 중

얼중얼 외우면서 연기 연습을 할 수도 있고, 우쿨렐레를 뚱땅거리며 마음껏 소리 내도 눈치가 보이지 않는 나만의 방 말이다.

*

 버지니아 울프가 '여성에게 자기만의 방이 필요하다'고 했다는 것을 그저 상식으로 알고 있었다. 부끄럽지만 오랫동안 '자기만의 방'이 상징적인 개념일 것이라 여겼다. 뒤늦게 책을 찾아 읽었을 땐 조금 얼얼했다. 울프의 논지에서 '자기만의 방'은 온전히 물질 그 자체다. 자기만의 방이 상징하는 것은 말 그대로 안정적인 '부'다. 심지어 그는 자기만의 방에 더해 연 500파운드라는 구체적인 돈이 필요하다고 제시했다. "지적인 자유는 물질적인 것에 의존합니다." 이 짧은 한 문장의 논지를 증명하기 위해 그는 무수히 많은 근거를 나열한다. 그로부터 100여 년이 지난 지금까지도 유효한 근거들이다.
 그간 나는 창작을 위한 나만의 안정적인 공간을 갈

망하며, 그 작은 방 하나가 나의 능률을 최소 열 배는 높여줄 수 있을 것이라 상상했지만, 한편으로는 항상 떨떠름했다. 나만의 방을 상상하기만 해도 마음이 편안해져 충만하게 작업할 수 있을 것 같으면서도, 사실상 그런 공간을 한 번도 가져본 적이 없었기에 그저 상상뿐인 허상일 거라고 의심했다. 특정 물건을 사면 삶의 질이 높아진다는 환상을 심어주는 광고들처럼, 막상 그런 방을 갖게 되더라도 나의 게으름으로 인해 환상이 처절하게 깨질 것 같았다. 내가 현실에 만족하지 못한 채 너무 욕심을 부리고 있다는 생각에 나 자신을 깎아내리기도 했다. 물론 넓고 깨끗한 공간에 살고 싶다는 욕망이 없지는 않았지만, 소소한 나만의 방을 가지고 싶다는 것이 천덕스러운 욕심 같지는 않았다. 그런 공간만 있다면 무엇이든 할 수 있을 것 같은 느낌의 실상이 무엇인지 언어화되지 않아 늘 답답했다. 내가 사는 이 세계가 자본을 바탕으로 움직이고 있고, 기본적인 인간으로서의 욕구를 보장할 수 있는 것이 자본임을 알면서도, 자본이 필요하다는 것을 왜 그렇게 의심했을까? 돈이 주는 만족감에는 분명 한계가 있다. 그러나 내가 욕망하는 것이 결코 돈으로 얻을 수 있는 불쾌한 만족감만은 아님을, 울프의 100년 전 글을 읽으며 새삼 깨달았다. 나는 그저 인간으로서의 기본적인 욕구가 박탈되었을 때의 불만족을 해소하고 싶었을 뿐이다. 그러나 바로 그 기본적인 욕구마저 너무 비싸게 취급되는 사회이기에, 그것이 사치이자 과도한 욕심이라고 의심했던 것이다.

나는 자아를 가진 존재다. 자아를 지키기 위해서는 최소한의 공간이 필요하다. 누군가의 통제로부터 안전할 수 있고, 자유롭게 사고하고 자유롭게 행동할 수 있는, 제2의 드라이기 대첩을 치르지 않을 수 있는 공간 말이다. 그러한 공간이 주어졌을 때 비로소 나는 나의 자아를 통해 무언가를 온전히 생산할 수 있는 개체가 될 수 있다. 능률이 열 배는 늘어날 것 같다는 마음은, 내가 실제로 가진 나의 가능성에 기반한 것이라고 이제는 확신한다. 나만의 방이 없기 때문에 할 수 없는 것들 역시 많다. 그런 것들을 물리적으로 할 수 있게만 된다면 지금보다 정신적으로나 경제적으로나 훨씬 풍요로워질 것이다.

*

　나만의 방을 지독히 갈망하며, 아주 현실적으로 필요한 것이 무엇인지 고민하거나 알아본 적이 수없이 많다. 이제부터는 현실적인 이야기다. 내가 나만의 방을 얻기 위해서는 헤쳐나가야 할 두 개의 산이 있다. 하나는 먹고사는 문제라는 꽤 벅찬 산이고, 다른 하나는 부모님이라는 못지않게 벅찬 산이다. 사실상 부모님께 얹혀살고 있는 나는 방을 얻는 데 필요한 돈을 혼자 힘으로 지불할 여력이 있는지 확신할 수 없다. 얹혀사는 삶을 그만두는 순간 숨 쉬는 것 자체가 돈임을 잘 안다. 상상만 해도 숨이 막힌다. 내가 상상하던 나만의 방이 숨 막히는 공간은 아니지 않던가. 울프가 연 500파운드라는 구체적인 금액을 제시한 것은 다 이유가 있었다. 그것이 현재의 원화 가치로 4,000~5,000만 원 정도라는 이야기를 어디선가 본 적이 있다. 정답이다. 허리띠를 졸라맨다고 해도 그 절반가량은 꼬박 필요하다.

　모든 걸 차치하고 내가 가진 물적 조건하에서 나만의 방을 갖는 것이 현실적으로 가능한지 알아보니, 내가 가지지 못한 한 가지 때문에 불가능했다. 그 한 가지는 바로 국적이다. 한국 국적이 없으니 청년주택이나 예술인주택 같은 복지 영역에 해당 사항이 없을 뿐 아니라 대출을 받을 수 있는 전세자금의 비율 또한 현저히 낮다. 외국 국적을 가진 내가 방을 얻기 위해서는 돈이 원래부터 아주 많아야 하는 것이다. 그야말로 또 '그놈의 국적'이 문제였다. 결국 국적을 얻으려면 원래 부자이거나 돈을 많이 벌어야 하고, 필요한 만큼 돈을 벌기 위한 조건을 갖추려면 국적이 필요하다. 원인이 결과가 되는 끝없는 순환 논리다.

부모님이라는 산은 또 어떤가. 보수적인 부모님의 성향 탓에 우리 집에서 여성 자녀가 '합법적으로' 독립할 수 있는 방법은 결혼밖에 없다. 아무리 경제적 우위를 확보한다고 해도 서로 마음 상하지 않고 독립할 수 있는 방법은 결혼이 전부다. 그러니 어쩌면 두 개의 걸림돌 모두 결국 같은 데에 길이 있는지도 모르겠다. 부모님에게 순리와 같이 자연스러운 일인 결혼은 내가 국적을 갖고 그 모든 복지의 경계를 넘을 수 있는 가장 쉬운 방법이기도 하니 말이다. 양극의 걸림돌이 극적으로 화해하는 순간이다. 몸과 마음이 건강하게 창작할 수 있는 자기만의 방을 얻기 위한 가장 현실적인 방법이 배우자를 찾는 일이라니. 이번 생은 정말이지 쉽지 않다.

하릴없이 난이도가 높은 이번 생을 탓하다 문득 흥미로운 질문 하나가 떠올랐다. 만약 결혼해서 독립하고, 국적까지 얻었다 치자. 그러다 이혼한다면? 국적이야 이미 받은 것을 무를 수 없을 테다. 그런데 부모님에게 이혼이라는 카드는 어떤 의미일까? 혼자서 사고할 수 있는 개체라는 것과 별개로 내가 정말로 누군가에게 귀속되어야만 하는 존재라면, 부모에게 귀속된 존재에서 남편에게 귀속된 존재가 되어 합법하게 거처를 옮긴 이후, 역시 합법하게 이혼한다면 말이다. 귀속의 대상이 다시 회귀하는 것으로 봐야 할까? 아니면 그제서야 진정한 독립이 가능하다고 봐야 할까? 진심으로 궁금한데, 등짝 스매싱 정도로 끝날 것 같지 않아 도무지 물어볼 수가 없다.

결국 기적은 일어나지 않는다

 나와 함께 사는 고양이 솜이는 길냥이 출신의 어미에게서 태어났다. 솜이를 입양했을 때 집사에게 들었던 이야기에 따르면, 솜이 어미가 만삭 상태로 갑자기 집을 습격했다고 한다. 그때 어미는 도움의 손길을 원하면서도 경계심이 강했단다. 길 생활을 해본 고양이에게 자연스럽게 배인 습성이었다. 출산 이후 중성화 수술을 하고 온전한 집냥이가 된 어미는 집사와 돈독히 지냈다. 그런데 정작 솜이 본인은 한 번도 길 생활을 해본 적이 없으면서, 그 어느 고양이와 견줘도 뒤지지 않을 만큼 경계심이 많았다. 고양이라는 종족이 원래 그렇지 싶다가도, 우리가 함께한 세월을 생각하면

서운하기 짝이 없다. 나이가 들면서 이제는 귀찮다는 듯 잠깐씩 손길을 허락하긴 하지만 이내 1미터쯤 떨어져 자리를 고쳐 앉는 것만은 변함이 없다. 솜이가 뭐든 정확하게 배우고 잘 해내는 특출난 자식임은 분명하지만, 기껏해야 3개월 정도 어미에게서 '경계하기'를 보고 배운 것이 다였다. 이제는 노년을 살고 있는 솜이의 냥생에서 3개월의 유년이 평생 지워지지 않을 흔적으로 남았다는 게 새삼 경이롭다.

영물인 고양이도 그럴진대, 인간이라고 다를까? 서른 넘어 들어간 예술학교에서 한국무용을 배운 적이 있다. 연기 전공자라면 1년간 이수해야 하는 필수 과정이었다. 다른 종류의 신체 훈련은 평균 이상 따라갈 수 있었다. 그런데 정해진 박자에 정확한 동작을 수행해야 하는 무용 앞에서만큼은 고질적으로 나의 신체와 정신이 불협했다. 무용 시간만 되면 사지가 내 뜻대로 움직이지 않았다. 혼자 뚝딱거리기 일쑤였다. 그 누구도 비웃거나 혼내지 않았지만, 내 자존감은 바닥났다. 비슷한 문제를 겪고 있던 동기 언니와 밥을 먹으며 침울하게 이야기하곤 했다. "소싯적에 아이돌 춤이라도 따라 해봤어야 움직여지는 대로 해보기라도 하지, 이게 이제 와 될 일이냐고." 이 말은 전적으로 옳다. 이제 와 갑자기 될 일이 아니었다.

부끄러움을 무릅쓰고 성악 레슨을 들은 적도 있다. 음악 지식이라곤 초등학교 음악 시간 리코더를 불 때 배운 오선지 위 음계 정도밖에 없었다. 그마저 처음부터 도레미, 하며 세야 하는 수준이었다. 내 또래 아이들이라면 한 번쯤 다녀봤을 피아노학원조차 다닌 적 없다. 선생님께 처음부터 이 모든 사실을 이실직고하고 수업을 시작했다. 발성법을 배우고, 몸에 소리를 얹는 연습을 하고, 성악 노래가 아닌 비교적 부르기 쉬운 뮤지컬 노래를 불렀다. 그런데 피아노 반주만 듣고 제 박을 찾는 것은 도무지 할 수 없었다. 노래방에서야 멜로디가 선명하게 들리고, 제 박이 되면 화면 속 가사의 색깔까지 바뀌니 크게 어렵지 않았지만 혼자 박자를 세는 건 차원이 다른 문제였다. 그야말로 일생일대의 위기였다. 매시간 선생님과 함께 시원하게 웃어젖힐 일이 생겼다. 내가 못하는 건 당연한 일이라 자존감이 상하진 않았다. 오히려 이상한 자신감이 생겼다. 소리 퀄

리티가 타고나게 유리하다는 칭찬 아닌 칭찬을 몇 번 들었기 때문이다. 타고난 음색이 꽤 듣기 좋은 편이고 그간 학교에서 배운 발성 훈련이 빛을 발해 호흡-발성 기관과 소리의 경로를 의식하고 공명을 극대화하는 것을 나름대로 잘 찾아가는 편이었다. 나보다 선생님이 탄식했다. 10년만 일찍 왔어도 좋은 가수가 됐을 텐데 왜 이제 왔냐며 아쉬움을 내비쳤다. 정작 나는 그 말이 딱히 아쉽지 않았다. 다만, 잠시 부모님의 그늘을 생각했다.

무용이 몸에 도무지 맞지 않는 것도, 노래의 박자를 도무지 찾지 못하는 것도 내겐 부모님의 그늘이었다. 소싯적에 아이돌 춤 한 번 따라 하지 못한 것도, 그 흔한 피아노학원 한 번 다녀보지 못한 것도 모두 부모님 탓이라는 철없는 생각을 서른 넘어서까지 하고 말았다. 내 부모님은 (특히 엄마는) 필요 이상으로 엄하다. 그런 분들의 통제 아래 춤추고 노래하기란 불가능했다. 학교에서 단순한 율동을 배울 때도 '해도 괜찮은 걸까?' 하고 걱정했을 만큼, 리듬을 타거나 몸을 흔드는 일은 부모님으로부터 강요된 나의 수치심을 건드렸다. 내가 하는 것은 고사하고, 음악 방송을 시청하는 것마저 우리 집에서는 허용되지 않았다. 춤추는 영상을 보는 일은 상상할 수조차 없었고, 음악을 듣는 일마저 숨어서 해야 했다. 믿기지 않겠지만 가끔 친구네서 음악방송을 볼 때면 부끄러워서 눈 둘 곳을 찾지 못했다. 시험을 치르기 위해 리코더 연습을 해야 할 때면 여간 눈치 보이는 게 아니었다. 노래 부르기 시험은 아예 연습 없이 치러야 했다. 눈치를 보는 정도로는 해결되지 않았기 때문이다. 아주 어릴 때만 해도 다른 부모들도 다르지 않으리라 여겼는데, 학교에서 학예회를 할 때 발레하는 딸아이를 위해 손수 타이즈와 활짝 열린 발레 치마를 입히고 머리 장식과 진한 분장을 해주는 엄마들을 보고 충격을 받았다. 그만큼 예능 방면으로 암울한 유소년기를 보냈다. 그러니 이제 업으로 예술을 하게 된 나의 몸뚱이를 돌아볼 때마다 서른이 넘었음에도 부모님의 그늘을 생각하고, 부모님을 탓하는 건 어쩌면 당연한 일이다. 철없는 행동임은 쿨하게 인정한다.

게다가 제 몫을 잘 해내지 못하거나, 남들보다 처지는 것을 못 견디는 심보도 고스란히 물려받은 게 문제다. 성악 레슨이야 애초에 내가 선택한 것이었고, 노래를 잘 못해도 소리를 낼 줄 안다는 자체로 만족스러웠다. 실제로 소리를 뱉으면 속이 시원해졌다. 그러나 무용 수업만큼은 끝끝내 고단했다. 애초에 기본값을 해내는 것이 목표였음에도 이를 악물어야 했다. 주말마다 학교에 나와 땀범벅이 되어 차가운 연습실 바닥을 나뒹굴 때까지 연습했다. 어렵게 공수한 영상을 보며 동작을 하나하나 해독하고 익혀갔다. 무언가 그럴싸하고 감동적인 글이 되려면 이쯤에서 새로운 재능을 발견하고 새로운 길을 가는 대서사가 등장해야겠지만, 결국 기적은 일어나지 않았다. 아무래도 현실은 영화가 아니다. 두 번째 학기가 끝나갈 때, 정확히 내가 한계 지어놓은 선 안에서 기본값을 할 수 있게 되었을 뿐이다. 노력이 배신하는가 싶어질 때마다 조금씩 보상이 주어졌다. 첫 학기에는 스텝만 깨작깨작 겨우 따라갔는데 두 학기가 끝날 때쯤 되니 어찌어찌 팔 동작까지 붙여 끝까지 할 수 있는 정도가 됐다. 나는 그것만으로도 벅차올라 누가 조금이라도 자극하면 금방이라도 울 준비가 되어 있었지만, 현실은 비루하기 짝이 없었다. 여전히 나의 동작은 선생님의 한숨을 샀고, 마지못한 점수가 매겨졌다.

 나와 살이 맞닿을 때마다 숨이 1미터씩 떨어져 자리를 고쳐 앉아야만 하는 것도 결국 기적은 일어나지 않을 것이기 때문이다. 그렇게 자리를 고쳐 앉을 때마다 녀석은 내게 돌아눕는다. 뒤늦게 알게 된 사실인데, 등을 보이고 앉거나 눕는 것은 나를 무한히 신뢰한다는 고양이식 표현이라고 한다. "내가 등을 보여도 네가 나에게 해를 입히지 않을 것을 나는 알아" 정도의 의미란다. 인간 입장에서 서운하기 짝이 없는 녀석의 행동이 사실은 사랑이었음을 알았을 때의 감동은 이루 말할 수 없다. 그것은 기적이 아니라 현실이다. 그리고 그것은 현실이기 때문에 그토록 감동적이고 사랑스러운 것일지도 모르겠다.

 때때로 콩을 심었다고 생각한 곳에서 팥이 나기도 한다. 우리 부모님은 콩이라 굳게 믿고 나를 심고 키웠을 테지만, 나는 때때로 노래하거나 춤을 추기도 하는 팥인 것을 보면 말이다. 그것 또한 기적이 아니라 현실이다. 자식 농사는 절대 마음대로 되지 않는다는 그 지독한 현실 말이다. 애초에 팥이었던 나는 좀 억울하다. 그래서인지 내가 가진 모든 종류의 열등감은 나를 콩이라 믿고 키운 부모님과의 관계에서 생겼거나 나를 여전히 콩이라 굳게 믿는 부모님의 그 미운 구석을 내가 그대로 물려받았다는 사실에 기인한다. 어쩌겠는가. 기적은 끝끝내 일어나지 않을 것이고, 이것이 현실임을. 나는 끝끝내 우리 부모님의 자식일 테고, 끝끝내 콩의 기질을 그대로 물려받은 팥일 테다. 온전히 콩이지도 온전히 팥이지 못하지만, 때때로 콩이기도 때때로 팥이기도 해서 더욱 특별하다고 믿는 수밖에. 부모님의 그늘은 분명 볕을 보지 못하게 하는 장벽이었지만, 따가운 햇살을 막아주는 그늘막이기도 했다. 어쨌거나 그 안에서 무럭무럭 자란 나는 내 열등감과 마주할 때마다 철없이 당신 탓을 하면서도, 당신의 타고난 심성이 내게 영양분으로 흐르지 않았다면 지금을 버텨낼 수 없음을 안다. 결국 기적은 일어나지 않는다. 많은 순간이 비루할지라도 어쩌면 그것이 현실이기 때문에 더 감동적이고 사랑스러울지도 모른다.

팥인 나를 당신이 용서할 수 있다면, 언젠가 우리는 화해할 수 있을 것이다. 당신과도, 나의 이 지긋지긋한 열등감과도 말이다.

'찻잔'과 '작은 숲'

　서울로 향하는 고속버스 안, 노이즈캔슬링 기능이 있는 블루투스 이어폰을 끼고 한 곡을 반복재생해서 듣고 있다. 어쩌면 노이즈캔슬링이나 블루투스와는 어울리지 않는 노래인지도 모르겠다. 산울림의 김창완이 작사·작곡하고 3인조 록밴드 노고지리가 불러 무려 내가 태어나기 10여 년도 전인 1979년에 발매된 〈찻잔〉이라는 곡이다. 나는 내가 태어나기 전에 나온 노래들을 또래에 비해 즐기는 편이지만 이 노래를 알게 된 것은 사실 최근의 일이다. 한창 산울림 버전과 노고지리 버전을 번갈아 듣다, 요즘은 2008년에 태어난 가수 정서주가 부른 버전으로 반복 재생하고 있다. 이 글을 쓰며 검색하다 알게 된 사실인데, 정서주의 리메이크 버전은 2022년 9월 말에 발매되었다고 한다. 내가 이 노래를 알게 되고 반복 재생하며 생각에 잠기기 시작한 때가 그 무렵이라 겹친 우연이 괜히 반갑다. 어떤 노래는 어떤 감각과 함께 각인되어, 그 감각을 생생하게 떠오르게 한다. 〈찻잔〉도 그런 노래 중 하나다. 굳이 원작이 아닌 정서주의 목소리로 청해 듣는 이유는, 원작의 느낌을 잘 살린 리메이크여서이기도 하지만 이 노래가 내게 각인된 계기와 관련하여 여성 화자가 나의 감각을 훨씬 생생하게 만들어주기 때문이다. 어쨌든 내게 〈찻잔〉은 1979년이 아니라 2022년 9월의 어느 날부터 시작된 노래라고 감히 적어본다.

갓 도착한 서울에는 사람이 너무 많다. 곳곳에 소음이 존재하고, 발 디디고 오랜 시간 멍하니 서 있어도 괜찮은 나의 공간이 없다. 그러니 외부의 소음을 차단하고 작은 휴대전화 액정 속에서 나의 공간을 찾고 있는지도 모르겠다. 고속버스 터미널에서 집으로 향하는 30여 분간의 시간이 온통 낯설다. 고작 일주일을 작은 시골마을에서 보냈을 뿐인데 사람이 많다는 게 이렇게까지 낯선 일인지 생각해본다. 다음 날 아침 출근 시간의 지하철에서도, 같은 날 퇴근 시간 지하철에서도, 어딘가로 이동하는 일을 익숙하게 수행 중인 나의 몸마저 낯설다. 특별히 신경을 기울여서 명령을 내리지 않았음에도 나의 몸이 마치 자동화된 기계처럼 지하철 역사를 누비는 것을 잠시 멀리 떨어져 지켜본다. 진화가 이런 과정을 통해 이루어지고 있음이 내 안에서 분명해졌다. 문득 이 따위 하찮은 정보로 자연과학의 이치까지 깨달은 스스로가 조금 못마땅하다. 아마도 도시에서의 틈이라곤 없는 삶에 내 몸이 적응하고, 심지어 그에 맞춰 진화하는 것 같아 못마땅했을 것이다. 도시에서의 삶이 쉼 없이 반복되는 동안, 내 몸이 이렇게까지 자동화되었음을 의식조차 하지 못하고 있었다는 사실이 내내 못마땅했을 것이다.

도시에서의 삶은 항상 궁핍하다. 매일 깨끗한 옷을 차려입고 나가서 그럴듯하게 행동하지만, 말로는 표현할 수 없는 궁핍함이 늘 공존한다. 영화〈리틀 포레스트〉에서 집으로 돌아온 혜원에게 친구 은숙이 왜 돌아왔냐고 묻자, 혜원은 배가 고파서라고 말한다. '배가 고파 돌아왔다는 말이 빈말이 아니었음'을 관객에게 고백하는 혜원의 내레이션이 왜인지 오랫동안 기억에 남는다. 이십대 초반에는 나도 혜원처럼 꼬박 돈이 없어 배가 고팠고, 돈이 조금 생겨 먹을거리만큼은 기꺼이 사먹게 되었을 때에도 이상하게 무언가에 계속 허덕였다. 가난하기에 여유가 없고 불안한 것은 맞지만, 이 허덕임이 꼭 가난의 문제만은 아니다.

대학원에 다니던 시절에 마음이 복잡할 때면 밧줄과 담요를 들고 학교 뒷산에 올랐다. 나무에 밧줄로 간이 해먹을 만들어 누워서 책을 보면 한결 괜찮아졌다. 필요한 아늑한 공간을 직접 만들 수 있어서였을까? 아니면 잠깐이지만 자연과 맞닿을 수 있어서였을까? 그 짧은 시간에 채워진 충만함으로 잠깐은 허덕임을 멈추고 궁핍하지 않을 수 있었다. 정확한 이유를 여전히 언어화할 수는 없지만, 그것이 도시와 어울리지 않는 이유인 것만은 확실하다. 〈리틀 포레스트〉가 개봉하기 훨씬 전의 일이었다. 해먹을 만들어 누워 있던 그즈음 산골로 가서 반려 고양이와 함께 자급자족하며 사는 게 행복할 것 같다고 말하던 것 말이다. 그러나 연고지가 없는 내게는 그것이 훨씬 많은 돈이 필요한 삶이라는 걸 알게 되는 데 그리 긴 시간이 걸리지 않았다.

처음 시골 마을에 간 것은 우연이었다. 여성 청년들을 위한 시골 탐색 프로그램을 우연히 알게 됐는데 가슴이 이상하다 싶을 만큼 두근거렸다. 모든 가용한 연료를 소진하여 그 어느 때보다 궁핍함에 허덕이던 시기였기에 고민할 이유도 없었다. 그렇게 일주일간 시골에서 살았다. 그곳에서 나는 이 프로그램의 주체가 된 동갑내기 농부 친구들을 만났다. 우리가 동갑내기라는 것은 또 하나의 중요한 우연이다. 그들은 폐교된 중학교를 직접 리모델링하여 거점 기관으로 운영하면서, 친환경과 유기농을 고집하는 농사를 짓고, 여력이 닿는 대로 지역 농산물을 유통하는 일을 하고 있었다. 우리는 그곳에서 일찍이 귀촌한 분들의 철학이 담긴 이야기를 청해 듣기도 하고, 내게 필요한 무언가를 직접 만드는 법을 배우기도 하고, 함께 음식을 만들어 먹기도 하고, 둘러앉아 기타를 치며 노래를 부르기도 하고, 멍하니 노랗게 익은 벼를 바라보며 명상하기도 했다. 멍하니 벼를 바라보는 일을 제외하면 도시에서도 마음만 먹으면 할 수 있는 일들이었지만, 무엇 때문인지 그곳에서의 모든 것은 이루 표현할 수 없이 충만했다. 마음의 허기짐이 가신 것을 넘어 앞으로 살아갈 충분한 연료를 듬뿍 채워 다시 서울의 일상으로 돌아왔던 그 처음이 바로 2022년 9월의 일이었다. 그리고 당시 둘러앉아 노래를 부르다 〈찻잔〉을 알게 됐다. 농부 친구 하나가 나직한 목소리로 부르던 것을 들으며 눈물을 삼켰던 건 지금까지 비밀에 부치고 있다. 그곳에 남아 있는 농부 친구들과 그들이 가꾼 폐교가 내게는 손끝을 따뜻하게 하고, 온몸에 열기를 퍼트리고, 또 소리 없는 정을 내게 흐르게 하는 '찻잔' 같았다. 그래서인지 〈찻잔〉을 들으면 여전히 벅차올랐던 눈물과 충만한 나날들의 감각이 함께 떠오른다.

도시의 삶이 바빠, 자주는 아니지만 여유가 있을 때마다 다시 그곳을 찾고 있다. 동갑내기 친구들은 쉬러 와서 일만 하다 간다고 매번 미안해한다. 나야말로 괜히 신경 써야 하는 손님이 될까 봐 매번 미안해진다. 하지만 서로가 필요할 때 언제든 서로를 찾아주기로 했다. 그런 순간만큼은 미안해하지 않기로 했다. 언제든 두 팔 벌려 환영해주는 '찻잔' 같은 친구들이 있어 다행이라 여기며, 이들의 따뜻함에 보답하기 위해 어서 훌륭한 사람이 되어야겠다고 다짐하는 횟수가 요즘 들어 부쩍 늘었다. 매달 가지 못하더라도 잠깐씩 내려가서 시간을 보내는 일은 내게 잠시 잠깐 떠났다 돌아오는 여행이 아니라 삶의 일부분이다. 일상에 당연히 있어야 할 충만한 시간이 현저히 부족한 도시인으로서 일상이 무너지지 않도록 열심히 지지대를 세우는 일이라고나 할까. 그래서 일까. 만나고 헤어지는 과정이 이상하게 서글프거나 어색하지 않다. 오랜만에 보더라도 어제 본 사람들처럼 익숙하고 편하며, 또 볼 거라는 확신이 있어서인지 헤어짐조차 이상할 만큼 섭섭하지 않다.

'찻잔' 같은 시골마을을 떠올리며 '고향'이라는 것에 대해 생각했다. 우리 세대에게는 '고향'이라는 개념 자체가 무척 낯설다. 1990년대 초반까지만 해도 소설 속에 '고향으로의 도피'가 자연스러운 소재로 등장했던 것을 보면 확실히 세상이 달라진 모양이다. 교과서에서 익히 보아온 그 '고향으로의 도피'가 나는 그렇게 비현실적이고 낯설었다. 내가 태어난 터전인 터키가 너무 멀어서만은 아니다. 터키는 확실히 엄마의 고향이거나, 아빠의 고향이지 나의 고향이라고 말하기에는 퍽 어색하게 느껴진다. 물리적으로 비교적 가깝더라도 '고향'이라는 말 자체를 어색해하는 이들이 주변에 많은 것을 보면, 이는 분명 우리 세대의 특징적인 현상일 것이다. 그러나 때때로 그 낯선 개념이 부럽기도 했다. 매 순간 외줄타기를 하듯 불안을 안고 살아가는 이들에게 언제든 되돌아갈 수 있는 '도피처'가 있다는 사실은 생각만 해도 아늑하지 않은가. 소박하더라도 언제든 돌아갈 안전한 뿌리가 있다는 것 말이다. 타야 할 외줄 아래 안전한 쿠션이 깔려 있는 것 같은 기분이랄까? 어쩌면 그건 이미 외줄타기가 아닌 무언가일지도 모르겠다. '찻잔' 같은 시골 마을과의 연으로 내게도 그런 쿠션이 생긴 기분이다. 여전히 고향이라는 말은 어색하지만 언제나 마음을 든든히 채워 돌아올 수 있는 고향 같은 마을이 생긴 것은 분명하다.

"다시 서울로 돌아가지 않은 이유는 너를 이곳에 심고 뿌리내리게 하고 싶어서였어. 혜원이가 힘들 때마다 이곳의 흙냄새와 바람과 햇볕을 기억한다면 언제든

다시 털고 일어날 수 있을 거라는 걸 엄마는 믿어." 〈리틀 포레스트〉에서 혜원의 엄마가 혜원에게 남긴 편지 중 한 구절이다. 도시로 가자고 애원할 때는 눈 하나 깜짝 안 하던 엄마가 혼자 말도 없이 떠나며 달랑 남겨놓은 편지의 내용을 혜원은 내내 납득할 수 없었다. 시골에서 사계절을 보내고서야 혜원은 "이제야 엄마의 편지가 어렴풋이 이해가 갈 것 같다"고 말한다. 그렇게 엄마의 바람대로 자기만의 '작은 숲'을 찾은 혜원의 얼굴엔 허덕임 없이 여유와 충만함이 가득하다. 어쩌면 '고향'을 가지지 못한 우리 모두에게, 품고 살아갈 '작은 숲' 하나쯤은 필요한지도 모르겠다. 뿌리를 내리고 있어야 언제든 털고 일어날 테니 말이다.

이렇게 '뿌리내림'을 생각하거나, 〈찻잔〉 같은 오래된 노래를 듣고 있을 때면 내가 왜 MZ세대인지 도무지 이해가 되지 않는다. 나는 시끌벅적하고 화려한 도시 생활이 썩 즐겁지 않고, 스스로도 고리타분하다는 말이 어울린다고 여길 만큼 '옛날 사람' 같을 때가 많다. 분간하기도 힘든 아이돌 안무를 모두 섭렵하고 있는 재주 좋은 MZ 친구들을 보면 그저 감탄할 뿐이다. 시골에서 만난 농부 친구들도 썩 MZ 같지 않다. 신기한 것은 왜 MZ인지 모르겠는 내가, 역시 왜 MZ인지 모르겠는 농부 친구들을 만날 때면, 우리가 왜 동시대를 살아가는 같은 세대인지 어렴풋이 알 것 같아진다는 점이다. MZ는 어쩌면 화려하고 안정적인 도시 풍경을 우리는 소유할 수 없다는 것을 처음부터 받아들인 세대일지도 모른다. 그렇기에 자기 방식대로 삶을 일구고, 늘 대안적인 삶을 모색한다. 그것이 기성세대의 눈에는 하찮게 보이더라도, 있는 힘껏 자신의 충만함을 쫓아간다. 농부 친구들이 농부가 되기까지의 여정도 그랬을 것이다. 무엇인지 모를 무언가에 허덕이다 안착한 곳이 이제는 그들의 터전이 되었다. 누군가 '언제 돌아가요?' 물으면, 어디서부터 설명해야 할지 모르겠다는 얼굴이 되어 '이제 여기가 집이니까……' 하고 얼버무린다. 그 얼굴을 보고 있으면 구체적인 상황을 하나하나 알지 못하면서도 왠지 알 것 같다. 아마 우리는 그래서 MZ일 것이다. 나만의 '작은 숲'을 찾아 멀리멀리 흘러오다 여기서 이렇게 만난 것은 우연이 아니라 순리였을 것이다. 그렇게 툭툭 살아내다 또 만났을 때, 서로에게 묵묵하고 따뜻한 찻잔이 되어줄 수 있다면 더할 나위 없을 것 같다.

블랙코미디와 로또의 상관관계

 한 달에 한 번 로또를 산다. 돌아가신 조상님이 꿈에 나타나 번호를 불러주는 경험은 아쉽게도 아직 해본 적 없고, 신기가 있다고 자주 느낄 만큼 촉이 좋은 편이지만 아쉽게도 로또 번호를 맞추는 종류의 촉을 지닌 건 아니다. 그럼에도 로또를 산다. 혹자는 당첨되리라는 희망과 기대를 안고 로또를 사겠지만, 나는 당첨되지 않으리라는 확신을 가지고 로또를 산다. '인생이 한 방'일지도 모르겠다고 생각한 적은 있어도 그것이 로또일 것 같지는 않다. 내가 로또를 사는 이유는, 내 삶의 장르에 충실하기 위해서다. 가만히 들여다보면 산다는 것은 '블랙코미디'에 가까운 일이다. 적어도 내 것의 장르는 블랙코미디 정도로 해두고 싶다. 현실이기도, 염원이기도 하다. 블랙코미디와 로또의 상관관계는 잠시 미뤄두고, 산다는 게 왜 블랙코미디인지, 왜 블랙코미디여야만 하는지부터 말하자면 이렇다.

누군가는 꿈과 희망이 넘치는 멜로드라마로 살고 있을지도 모르겠다. 겉으로 드러나지 않는 삶의 이면이 있겠지만, 적어도 멜로드라마로 '살고 싶어하는' 부류가 있는 것은 분명하다. 여기서 멜로드라마는 '사랑 이야기'보다 '낭만 가득한 잘나고 멋진 주인공들의 세계'에 가깝다. 그럴싸한 명언도 간질간질해하는 나는 죽었다 깨어나도 멜로드라마로는 살 수 없는 팔자다. 이렇게 살면 행복해지고 저렇게 살면 충만해진다고 말하는 문장 앞에서 세상 시니컬해지고 마는 것은, 내 삶에 충만한 시간이 없기 때문이 아니라 그렇게 제시되는 일반적인 방향에 내 삶이 위치하기 쉽지 않음을 이미 잘 알기 때문이다.

또 누군가는 비극의 주인공으로 살고 있는지도 모르겠다. 이런 별 볼 일 없는 글에 아리스토텔레스까지 나올 일인지는 모르겠지만 그래도 연극쟁이니까 아는 척을 조금 보태 무려 《시학》에서 정의를 빌려오자면, 비극이 비극이기 위해서는 두 가지 조건이 필요하다. 첫 번째, 비극의 주인공은 '약하지 않은 인물', 즉 평범한 사람이 아닌 도덕적으로나 신분적으로 높은 위계를 가진 영웅적 인물이어야 한다는 것이다. 두 번째, 그럼에도 인간이기 때문에 가지는 선천적인 결함인 '하마르티아'로 인하여 행복 또는 불행의 상태에서 파멸의 상태로 가는 과정을 그려야 한다는 것이다. 말만 들어도 무시무시하다. 파멸까지 가야 하다니 숭고를 위해 비극을 굳이 고집해야 하나 싶지만, 그저 평범하고 하찮은 인간에 불과한 나는 이미 첫 번째 조건에서 탈락했으므로 걱정할 필요가 없다. 살짝 자존심이 상하지만 깔끔하게 인정하고 넘어가기로 했다. 애초에 파멸할 건더기가 없어서 다행인 걸로.

그렇다면 사는 건 역시 희극(코미디)인가? 사는 게 코미디 같다고 여겨질 때가 종종 있긴 하다. 그러나 '가까이에서 보면 비극, 멀리서 보면 희극'이라는 말처럼 웃음에는 적당한 거리두기가 필요하다. 아무리 웃겨도 내 삶을 깔깔 비웃을 수는 없는 노릇이다. 자신을 자주 비웃음의 대상으로 놓아버리는 나 같은 인간도 그 웃음 이면에 있는 씁쓸함에 온전히 책임져야 하는 순간을 마주한다. 이 씁쓸함이 뭘까 고민하다 찾은 것이 블랙코미디라는 적확한 장르다. 나는 분명 한숨 섞인 웃음을 자주 짓는다. 이렇게라도 웃었으니 되었다고 되뇌며 나의 불행과 조금 거리를 두기도 하고, 그 불행을 객관적 사물로 만들어 더 가까이 끌어안고 나란히 걸을 수 있는 상태로 놓기도 한다.

로또를 사는 것도 그런 의미다. 불행은 도처에 존재한다. 그야말로 물밀듯이 한 번에 밀려들어올 때면 나 자신을 비극의 주인공으로 착각하는데 그 순간은 꽤 위험하다. 바로 그때 이렇게 말한다. '그냥 오늘도 빅똥을 밟았을 뿐이야.' 가끔 '빅똥' 너머에 '빅빅똥'이 있고, 그 너머에 다시 '빅빅빅똥'이 있어서 이른바 '빅똥 이론'이 먹히지 않을 때 "로또나 사야겠다" 하고 다짐한다. 신이 공평하다면, 무한대의 빅똥을 밟은 내가 로또 정도는 당첨되어야 하지 않을까? 이렇게 생각하는 스스로가 충분히 찌질했다고 흡족해하며 나의 불행과 거리두기를 하는 것이 내가 내 삶의 장르에 충실한 방법 중 하나다.

그러니 오늘도 로또를 사야겠다. 이따위 글에 아리스토텔레스까지 등장시키다니 제법 찌질하고 괜찮은 삶이었다고 자부하며.

아리스토텔레스까지 등장시킨 마당에 수업에서 우연히 주워들은 이야기가 꽤 흥미로워 몇 문장 더 보태본다. 서양사에 기반한 것이긴 하지만 멜로드라마가 대중적인 서사로 받아들여지고, 비극이 예술적으로 흥행했던 시대는 르네상스부터 20세기로 넘어가는 전환기까지였다고 한다. 그 이유로 퍽 납득 가능한 설명이 붙여졌는데, 멜로드라마와 비극의 인물이 가지는 '위대함'이 먹혔던 시대가 딱 거기까지였기 때문이다. 멜로드라마의 멋진 인물은 그렇다 쳐도 비극이 숭고한 것으로 받아들여지고, 파멸하는 인간의 모습이 미학적인 것으로 향유될 수 있었던 이유는 '인간이 궁극적으로 아름답다'는 믿음이 그 바탕에 있기 때문이라고 한다. 다시 말해 비록 결함이 있지만 본질적으로 인간은 괜찮은 존재라는 믿음이 있었다는 것. 20세기로 넘어가는 전환기에 인간은 열악함을 넘어 죽음과 맞닿는 대량생산 공장 노동, 홀로코스트 인종 청소와 같은 학

살, 두 번에 걸친 세계대전 등 집단적으로 파괴되는 경험을 했다. 이로 인해 '인간 존재에 대한 믿음'이 근본적으로 무너진 것이다. 이후 유행하기 시작한 장르는 아이러니하게도 코미디였다. 그러니 코미디는 희망이 없다는 인간의 실존적 회의주의가 반영된 투사물이다.

수업에서 접한 이야기는 딱 여기까지였다. 코미디가 역사적으로 현실에 대한 마취제로 폭력에 대한 무감각의 감각을 키우는 역할을 한 것인지, 아니면 현실과 적절한 거리를 두고 그 현실을 온전히 감각할 수 있게 하는 역할을 한 것인지는 잘 모르겠다. 적어도 내가 내 삶을 코미디가 아니라 블랙코미디라고 여기는 이유는 현실에 무감각하지 않기 위해서다. 어쩐지 씁쓸한 맛이 감돌고 조금 찝찝할지라도 그것을 온전히 바라볼 수 있는 곳에서 온전히 감각하고, 희망이 없어 할 수 있는 게 웃음 짓는 일밖에 없더라도 회피하지 않고 꿋꿋하게 살아내는, 살아내야만 하는 과정이라고 생각하기 때문이다. 어차피 안 될 로또에 연연하며 소소한 파멸을 경험하기보다, '오늘도 충분히 찌질했어!' 하고 흡족하게 자신을 칭찬하는 게 좀 더 괜찮은 방법일지 모르겠다.

가방 속 어떤 본질

한때 유튜브에서 '와츠인마이백What's in my bag/WIMB'이 유행했다. 영상의 주인공이 카메라 앞에서 자신의 가방 속 소지품을 하나씩 꺼내며 소개하거나 그 물건에 담긴 이야기를 해주는 콘텐츠다. 재미를 위해 마련된 몇 가지 황당한 소지품을 제외하곤 결국 광고성 영상이어서 여러모로 낚이는 경우도 많았지만, 본질적으로 흥미로웠다. 소지품만큼 그 사람의 내면을 잘 표현하는 게 또 있을까. 마음이 혼란할 때면 가방이 가장 먼저 혼란해지는 게 나만은 아닐 거라고 짐작하면 일리 있는 콘텐츠다. 문득 내 가방을 들여다봤다. 와츠인마이백을 할 만큼 셀럽은 아니지만, 나에겐 너무 익숙하고 당연해서 잊고 있던 흥미로운 물건과 한 번쯤 그에 얽힌 서사를 이야기하고픈 물건이 몇 있었다.

보통 내 소지품은 이렇다. 집게핀과 소형 가글, 손바닥이 끈적이는 것을 견디지 못해 잘 쓰진 않는 우디향의 핸드크림, 언제 어디서건 코를 풀 수 있도록 구비 중이나 이상하게 항상 몇 장 남지 않은 여행용 티슈, 저혈당을 대비해 넣어둔 듯하나 도무지 먹을 엄두를 내지 못해 가방에서 잊힌 지 오래인 초콜릿, 필통, 일정이 적힌 다이어리, 항상 옷에 양념을 묻히고 다니는 나를 위해 너른 마음의 친구가 마련해준 싹스틱, 또 다른 친구가 선물로 준 티트리향 롤온, 좋아하는 친구들에게 선물해주고도 1년 치를 한꺼번에 쟁여두었을 만큼 애정하는 천연 립밤, 정작 나는 잘 안 챙겨 먹으면서 좋아하는 이들에게 약장이 마냥 강력하게 권하곤 하는 간 영양제와 그걸 담아놓은 작은 약통, 지인이 출연해 보러 갔던 며칠 전 날짜의 연극 티켓, 아는 언니가 내 이름까지 각인해 손수 만들어준 붉은색 가죽 지갑, 10년도 더 가지고 다녀 이제는 너덜너덜해진 갈색 카드 지갑, 매일은 아니지만 꽤 자주 들고 다니는 책 한 권(나의 게

으름 탓에 한동안《행복의 약속》이라는 한 여성학자의 문화비평서를 들고 다녔다), 책을 읽을 때 필요한 돋보기(!), 'BOUNDARY(경계)'라는 단어와 내 이름을 새겨 맞춤 제작한 케이스가 감싸고 있는 에어팟, 마지막으로 무려 8년이나 버텨주고 있는 아이폰.

이렇게 나열해놓고 보니 내 가방 속은 생각 이상으로 타인과 연결되어 있다. 선물로 받은 것, 선물로 준 것, 누군가를 보러 가기 위해 마련한 것, 또는 나를 위해 누군가가 마련해준 것, 누군가와의 깊은 추억이 담긴 것. 이런 것들을 새삼스레 발견하면서 내가 꽤 사랑받고 있다고 느껴져 마음이 몽글몽글해졌다. 이야기보따리를 펼쳐보려면 얼마든 가능할 것 같은 입이 근질근질한 물건들이 많지만, 그중 몇 개만 골라 본격적으로 철 지난 'WIMB'을 해보려 한다.

검은색 제도샤프

손떼가 많이 묻고, 표면이 닳아서 이제는 코드명이나 본래의 이름조차 알 수 없는 '검은색 제도샤프'는 절대 빼놓을 수 없는 물건이다. 내 가방 속에는 유독 오래

된 물건이 많다. 가죽이 다 해지고 너덜너덜해져 사람들이 한 번씩 묻곤 하는 카드 지갑은 대학 시절부터 무려 12년 동안 목에 걸고 다니거나 목줄을 칭칭 감아 가방에 넣고 다녔다. 일반적으로 두 해를 못 넘기고 갈아 치운다는 아이폰도 나는 8년째 쓰고 있다. 요즘 부쩍 버벅대는 일이 잦아져 별생각 없이 타박을 하다가도 문득 녀석과 함께한 시간이 만 8년임을 생각하면 대견하기도 하고, 가난한 주인을 만나 제 연식을 훌쩍 넘긴 녀석이 조금 안쓰러워지기도 한다. 하지만 검은색 제도샤프의 기록을 깰 만한 물건은 앞으로도 아마 없을 것이다. 가볍게 외출하는 날에도 얇은 필통을 따로 꾸려, 만년필과 제도샤프, 샤프와 비슷한 연배의 몽땅해진 아인 지우개만은 꼭 넣고 다닌다. 고로, 제도샤프는 하루도 빠짐없이 내 가방에 들어 있었으며, 거의 하루도 빠짐없이 쓴 물건이다. 중학교 2학년에 처음 만났다고 어림잡아도 언 20년을 함께한 셈이다.

큰마음을 먹고 오산고등학교 앞 그린서적의 유리 진열대에 있던 제도샤프를 산 것은 중학교 1~2학년 때의 일이다. 너무 오래전 일이라 정확한 시기는 가물가

물하지만, 이 샤프가 당시 2만 원대의 고급 샤프였다는 것만은 확실히 기억한다. 심이 얇은 0.3 샤프에 꽂혀 조금 저렴한 것을 쓰다가 정착하기 위해 구비한 것이었는데 20년간 이어질 줄은 몰랐다. 잃어버리거나 고장 날 위기를 맞은 적도 몇 번 있었으나, 이상하게 이 녀석만큼은 그런 위기 상황에서도 언제나 거뜬히 살아남았다. 그렇게 이제는 내게 없어서는 안 될 물건 1순위가 되고 말았다. 그도 그럴 것이, 고등학교 3년을 이 녀석으로 공부해서 대학 입시를 치렀다. 대학 4년간의 모든 필기를 녀석과 함께했으며, 대학원 과정을 모두 이 녀석을 통해 일궜다. 나의 모든 지식과 사고의 원천이 되는 축적의 과정이 녀석을 거쳤다고 해도 과언이 아니다. 내 책장에 꽂혀 있는 모든 책에는 녀석의 심을 세워 밑줄을 긋거나 메모를 한 흔적들이 있다. 내가 써낸 모든 글의 베이스를 종이에 끄적일 때 사용했던 것도 이 녀석이다.

내가 마음을 들여다보고 돌보는 방법으로 택한 것이 글쓰기이기에 녀석은 나보다 나를 더 잘 알고 있을지도 모르겠다. 어쩌면 사람들에게 내보이지 못한 말들조차 모두 알고 있어 변덕이 심하고 못난 인간이라 여기고 있을지도 모르겠다. 흔히 물건에 정 주지 말라는데, 제도샤프와 나 사이에는 이미 정을 넘어선 끈끈한 무언가가 있다. 그것은 오랜 세월을 함께했기 때문이기도 하지만, 녀석이 무언가를 '쓰기 위한' 물건이기 때문이다. 쓴다는 것의 의미를 내게 알려주고, 그것이 때때로 고통스러운 일임을 알면서도 그 안에서 소소한 기쁨을 감각할 수 있게 해준 물건이기 때문이다. 검은색 칠이 벗겨져 이제는 가장자리가 희끗해졌지만 여전히 멋스러운 녀석의 몸체는 내가 녀석을 다정하게 사용하고 끝끝내 아껴준다면 언제고 나를 배신하지 않을 것이다. 오랫동안 연필이나 펜을 잡은 손에는 자국이 남기 마련이다. 그래서 나의 오른쪽 중지손가락은 언제나 녀석의 몸에 꼭 맞게 휘어져 있다. 세월이 흘러가는 동안 보디 고무패킹의 쿠션감이 다 꺼졌지만 이제는 내 손가락의 휘어짐이 녀석의 몸에 착 감겨 우리 사이는 더 이상 쿠션 없이도 단단하게 고정된다.

함께 연기를 하는 동기 언니에게 중학교 때부터 같은 샤프를 쓴다고 했을 때 언니가 했던 말이 오래 기억에 남는다. "네가 좋은 사람이라 그래. 좋은 사람은 물건도 오래 쓰거든. 물건 오래 쓰는 사람이 똑같이 사람도 오래 아끼고 사랑할 수 있는 거야." 그 말을 듣고 흐뭇했던 것도 잠시 무방비 상태로 눈물이 쏟아질 뻔했다. 내가 누군가를 있는 힘껏 아끼고 사랑할 수 있는 사람이라니 다행이지만, 그것이 새삼 까마득해서 두려웠다. 사람과 제도샤프만큼의 시간을 함께하며 정을 나누는 게 여간 어려운 일이 아님을 알기 때문이다. 분명 물건과의 애착은 일방적이어도 편안했을 터였다. 반면 사람과의 관계는 언제나 내 마음대로만 되지는 않을 것이었다.

머리가 희끗해져도 여전히 서로의 몸과 마음이 멋스럽고, 나의 몸 구석구석이 그 사람의 흔적으로 가득하고, 어쩌면 그 사람의 몸이 나의 몸에 꼭 맞게 휘어지고, 언젠가 쿠션을 필요로 하지 않고도 서로에게 단단히 고정될 수 있는 사람. 조금은 무섭게 들리기도 하는 이 모든 게 일방적인 노력이나 희생에 의해서가 아니라, 오랜 시간을 함께 벼려왔기 때문에 그저 당연한 사람. 오랜 시간 동안 그런 관계이기 위해 열심히 노력했다기보다, 시시껄렁한 온갖 이야기를 나누며 낄낄거리는 것이 즐거워서 자연스레 이어져온 누군가를 만난다는 것은 유리진열장에서 2만 원대의 고급 제도샤프를 사는 것과는 다른, 엄청난 운과 타이밍을 필요로 하는 일이다. 그런 사람을 드디어 만났을 때 부디 서로 잘 알아볼 수 있기를 간절히 바랄 뿐이다.

미놀타 X-700

내가 사용한 지는 오래되지 않았지만, 역시 연식이 오래된 물건이다. 무려 다이아몬드 모양의 별 세 개인 옛날 '삼성' 로고가 그려져 있는 미놀타 카메라는 나보다도 10년은 더 살았을 것이다. 묵직한 보디와 손에 감기는 그립만으로도 마음이 아늑해진다. 사진에 대해 잘 알지 못하는 나는 노출과 조리개값을 자동으로 설정해 녀석에게 맡겨놓고 뷰파인더에 눈을 대고 요리조리 렌즈를 돌려가며 녀석을 통해 세상을 바라보다 이때다 싶은 순간을 만나면 재빨리 필름을 드르륵 감고 묵직한 찰칵 소리가 나는 셔터를 누른다. 필름카메라의 뷰파인더는 디지털과는 차원이 다르게 입체적이다.

무엇이든 플랫하게 만드는 휴대폰 화면으로는 도무지 보이지 않는 것들이 필름카메라의 직사각형 안으로만 들어가면 겹겹의 상과 빛으로 둘러싸여 본연의 생김새가 된다. 초점을 맞추기 위해 렌즈를 요리조리 돌리며 반원 두 개가 하나의 원이 되는 순간을 찾다 보면 내가 찍고 있는 물질을 사랑할 수밖에 없다. 사진은 빛의 예술이라고 했던가. 그 사실을 몸소 깨닫게 해준 게 바로 이 녀석이다. 필름에는 정말 빛 또한 물질이 되어 담긴다. 덕분에 반짝반짝 빛나는 다른 물질을 찍는 것이 무척 즐겁다.

필름으로 사진을 찍으려면 돈이 많이 든다. 사실 코로나 이전까지만 해도 이렇게 비싼 취미는 아니었는데 코로나와 함께 필름 가격이 폭등했다. 필름을 현상하고 스캔하는 비용도 조금씩 오르는 중이다. 그럼에도 필름 사진을 계속 찍는 이유가 손에 감기는 그립이나 마음에 안락함을 선사하는 드르륵, 찰칵 소리 때문만은 아니다. 필름카메라의 뷰파인더가 보여주는 환상적 세계가 한몫하지만 그게 전부는 아니다. '아날로그 감성'이라는 뻔한 말로 오염시키고 싶지 않은 필름만의 매력이 있기 때문이다. 필름 사진에는 아무리 기능이 좋은 휴대폰 카메라로도 담기 어려운 무언가가 있다. 지나가다 문득 널브러져 있는 돌에 마음을 빼앗겨 휴대폰으로 사진을 찍었다고 해보자. 훗날 용량이 부족해 휴대폰 사진을 정리하다 보면 돌 사진부터 지우기 바쁘다. 볼품없어 보이더라도 그 순간 내게만은 큰 의미를 지녔던 돌의 기호들도 함께 잊히고 사라진다. 그러나 필름으로 찍은 돌은 다르다. 디지털화되어 똑같이 컴퓨터 화면 속에만 남더라도 절대 쓰레기통에 처박힐 일이 없다. 그 사진을 찍을 때 돌에게 빼앗겼던 마음이 설사 조금 왜곡되더라도 절대 잊히지 않는다.

사람을 찍을 때도 마찬가지다. 필름 몇 통을 모아 한번에 스캔하다 보면 언제 찍었는지도 잊고 있던 사진들을 발견할 때가 있다. 우리가 만났다는 것마저 잊고 지냈던 사람들의 사진이 문득 복선이 되어 내 삶에 의미를 더하는 것이다. 그들의 생각, 그들의 말, 그들의 감각, 그들의 사랑이 모여 지금의 내가 되었을 텐데, 그 중요한 순간들을 담아두기에 형편없이 작은 나의 그릇이 필름카메라 덕에 조금 여유로워진다. 사진이 서툴러 혹여 초점이 나갔더라도 그 사람만의 생생한 어떤 물질들이 사진 안에 고스란히 남아 있는 것을 보면 문득 삶이 기특해진다. 그러니 내가 필름카메라를 들이밀고 초점을 맞추느라 시간을 많이 쓰더라도 지금 이 순간이 앞으로 우리 삶의 기특한 복선이 되어줄 것이라고 여기며 너그럽게 기다려 주시길.

2008년의 생일 카드

소중한 제자, 베틀이의 생일을 축하하며.

아름다운 사람, 베틀아. 지금 네 또래의 아이들은, 심지어 너 자신도 베틀이 같은 사람의 귀중함을 잘 알지 못할 거야. 하지만 선생님 나이 정도가 되면 알게 된단다. 이 세상에 베틀이, 너 같은 사람이 얼마나 소중하고 필요한 존재인지 말이다.

내게 베틀이가 특별한 사람인 것은 네가 나와 뜻이 같은 사람이기 때문이다.

부디 용기 내어 희망을 간직하고 훌륭한 어른으로 성장해 다오. 네가 있어 세상이 좀 더 나아지리라고 믿는다.(8.11.18)

몇 년 전, 마음을 크게 다쳐 동굴을 파고 들어가고 싶었던 적이 있었다. 운 좋게(?) 전염된 바이러스와 그로 인한 자가격리 덕에 조금은 마음을 추스를 여유가 생겼다. 그때 문득 지금이 아니면 나는 영영 어떤 이야기들을 누군가와 나누거나 창작하지 못하게 될지 모른다는 생각이 들었다. 그래서 부랴부랴 써놓은 몇 편의 글을 긁어모아 무턱대고 지인들에게 보냈는데 그것이 이 산문집의 시작이었다. 내 이야기를 매개로 친구들과 주고받은 진심이 나를 다시 일으켜 세웠다. 그날의 사소한 결심이 없는 평행 세계에서는 어떻게 지내고 있을지 감히 상상되지 않는다. 어쩌면 지금도 그 깊은 동굴에서 나오지 못한 채 허우적대고 있을지도 모른다.

그날의 결심을 도운 것이 바로 고등학교 2학년, 2008년의 어느 겨울날 무척이나 깊은 사랑으로 우리를 돌봐주셨던 국어 선생님의 생일 카드였다. 흑백의 서해안 갯벌 사진 뒷면에 파란색의 다소곳한 글씨로 써진 활자들을 읽으며 나는 아무도 들어올 수 없는 방에서 소리 없이 흐느끼고 꽉 막힌 가슴을 움켜쥐었다. 내 상황을 어떻게든 언어화하고 싶어 이 책 저 책 찾아보던 중

발견한 카드였다. 그리고 그날 이후 이 카드는 해마다 바뀌는 다이어리에 꼬박꼬박 끼워 넣어 들고 다니는 부적 같은 존재가 됐다.

2008년의 나는 '베튤'이지 못했다. 초등학교 등록 절차에서 발생한 아주 사소한 실수로 인해 학창 시절 내내 '베틀'로 살았다. 대학에 입학하고 나서야 바뀐 환경을 틈타 베튤이 되기로 했다. 고등학생 '베틀'은 종종 세상을 바꾸고 싶다는 말을 했다. 세상이 어떤 곳인지도 제대로 모르면서 퍽 진지하게 그런 다짐을 했다. 무언가 잘못되었다고 느낄 때마다 선생님들을 찾아가 한바탕 그 다짐을 쏟아내곤 혼자 에너지를 충전했다. 10여 년이 훌쩍 지나고 이 카드를 다시 발견한 날 눈물을 쏟았던 이유는, 그런 내가 있어 세상이 나아질 거라고 믿고 싶었던 선생님의 바람, 계속 희망을 간직한 채 훌륭하고 귀중한 어른으로 성장하길 바랐던 선생님의 바람, 자신의 가치를 알았으면 하는 선생님의 바람을 끝내 지키지 못했다는 생각에서였다. 어느새 그때의 '선생님의 나이 정도'가 된 내가 하는 것이라곤 이렇게 동굴을 파고 들어가 있는 게 전부였다. 사실 이제 나는 더 이상 내가 세상을 바꿀 수 있다는 헛된 다짐을 하지 않는다. 이 카드를 발견했던 때의 나는 '세상이 나아졌으면 한다'는 말조차 부질없다고 여기는 중이었다.

그로부터 몇 년이 지난 지금, 나는 여전히 내가 세상을 바꾸지는 못할 것을 안다. 세상을 바꿀 생명체가 있다면 그것은 무해한 귀여움과 발칙함을 타고난 고양이뿐이라고 굳게 믿고 있다. '세상이 나아졌으면 좋겠다'는 말조차 헛된 희망처럼 느껴져서 이제는 '세상이 조금만 상식적이었으면 좋겠다'고 말한다. 그만큼 자그마한 상식을 바라는 것마저 힘든 세상의 비참과 자주 마주한다. 비록 선생님의 바람과는 달리 때가 잔뜩 묻은 어른이 되어버렸지만, 최소한 언젠가 고양이가 바꿀 세상을 응원할 수는 있는 어른이 되어 다행이다. 또 비록 세상을 바꾸진 못할지라도 온 힘을 다해 그 세상에 조그마한 균열 정도는 내고 싶은 어른이 된 것 같아 다행이다.

그런 마음을 부적으로 들고 다닌 지 1년 정도 지났을 즈음, 사실은 내 이름이 '베틀'이었다고 하며 선생님께 안부를 전했다. 그간 이름조차 제대로 불러주지 못해 부끄럽다는 선생님의 세심함에 마음이 몽글해졌다.

"'신념을 지키는 사람'이 고집쟁이, 협력을 모르는 훼방꾼으로 폄훼되는 세상이 퍽 불편하고 낯설다"던 선생님은 "자신의 신념과 삶의 가치를 지키며 살기 위해 분투하는 베튤의 소식을 접하니 동지를 만난 것처럼 통쾌하다"라고 했다. 내가 여전히 선생님과 뜻이 같은 사람이길, 지금 선생님 정도의 나이가 되어서도 선생님과 뜻이 같은 사람이길 간절히 바라며 용기 내 보낸 안부 문자에 잊지 못할 회답을 받은 기분이었다. 몽글몽글해진 마음 탓에 1년 전과는 다른 눈물이 그렁그렁 맺혔다. 내가 선생님과 활자를 주고받으며 울고 웃을 수 있는 사람이라 다행이었다. 무엇보다 혼자가 아니라 다행이었다. 부적 같은 역할을 한 생일 카드의 마력이 200퍼센트는 더 커진 듯했다.

나는 여전히 내가 귀중한 사람인지는 모르겠다. 내 또래의 사람들도 잘 모르는 것 같다. 선생님이 귀신같이 짚어주신 것처럼 내가 종종 '협력을 모르는 훼방꾼'이 되는 것을 보면 말이다. 그렇지만 이제 고집쟁이 훼방꾼이 되더라도 전처럼 혼자서는 나오지 못할 동굴을 파고 들어가지 않을 자신은 있다. 최소 한 사람은 언제나 나와 뜻이 같음을 알기 때문이다. 그리고 사실 한 사람만이 아님도 잘 알기 때문이다. 세상이 나아졌으면 하는 바람이 때때로 절망적으로 느껴지고, 상식을 바라는 것조차 어려운 비참한 나날이 이어지더라도 균열을 내는 일을 멈추지는 않을 것이다. 2008년과 달리 이제 조금은 세상이 어떤 곳인지 알 것도 같고, 내가 할 수 있는 일이 무엇인지도 아주 조금은 알 것 같으니 말이다.

비눗방울

그 처음은 일명 '대왕 비눗방울'이었다. 작은 낭독 공연을 준비하던 팀원들과 자료조사차 간 월미도 길거리에서 3,000원짜리 대왕 비눗방울을 구매했다. 어른이란 이런 것 같았다. 3,000원 짜리 대왕 비눗방울 정도는 타격감 없이 살 수 있는 것 말이다. 대왕 비눗방울은 직접 불 필요가 없다. 용액을 묻혀 바람에 펼쳐놓기만 하면 크고 작은 비눗방울이 우후죽순 생겨난다. 바람이 너무 세면 금세 터져버리니 바람의 방향을 읽어가며 적당히 손목 스냅을 써주어야 한다. 그렇게 월미도에서 획득한 비눗방울을 한참 가지고 다녔다. 당시

근로장학생이었던 나는 학기가 끝나고도 2월까지 정해진 시간을 학교에서 지내야 했는데, 종종 밖으로 나와 혼자 비눗방울을 불곤 했다.

나는 담배를 피우지 않아 당시 아침에 출근하면 해가 질 때까지 건물에만 있다 나오는 경우가 많았다. 퇴근할 때가 되어서야 뒤늦게 오늘 내내 해를 보지 못했다는 사실을 깨달았는데 기분이 영 좋지 않았다. 담배가 몸에 나쁘다는 것이야 알지만 정해진 시간마다 바람을 기꺼이 쐴 수 있게 하는 장치가 되기도 하니 종종 그것을 탐내곤 했다. 그러니까, 내가 탐냈던 것은 담배가 아니라 '담배 타임'이었다. 사실 담배 타임은 사회학과 대학원에 다니던 시절 꼬박꼬박 연구실을 잠깐씩 박차고 나갈 구실이 되던 때에도, 대학 시절 꼬박꼬박 쉬는 시간을 요구할 수 있는 구실이 되던 때에도 언제나 탐냈다. 담배에 대해서는 사소한 호기심조차 없었지만 합법적으로 쉴 핑계가 되거나 적절한 휴식을 취할 몸의 리듬이 된다는 점에서만큼은 부러웠다. 팀플을 할 때도 쉬는 시간을 가질 마땅한 명분이 되고, 모임에 5분 정도 늦어도 괜찮은 이유가 되는 그것이 못마땅하면서도 내내 부러웠다.

비흡연자들은 공감할 것이다. 앉아 있다 보면 하릴없이 앉아 있게 되어 어느새 집중력이 떨어지더라도 마땅히 다시 에너지를 충전할 거리를 찾기 쉽지 않다. 의식적으로 정해진 루틴을 만들지 못하면 건물 밖으로 나가기도 어렵다. 내 주변에는 이런 이유로 흡연을 시작한 지인들이 적지 않다. 무작정 때 되면 나가기 위해 시작한 담배가 어느새 놓을 수 없는 업보가 되어버린 것이다. 나의 세계가 연구실에서 연습실로 바뀐 시점에도 사정은 달라지지 않았다. 심지어 연습실에서는 흡연이 작업의 일환이 되는 경우마저 생긴다. 흡연하다 나온 이야기가 영감이 되는 경우가 종종 있을 뿐 아니라 흡연이라는 사적 행위를 함께 수행한다는 감각 탓인지 작업과 관련한 이야기를 나누기도 조금 더 편해지니 말이다. 예민한 감수성과 의식을 가진 일부 창작자들은 우리의 '일'에서 이런 상황을 만들지 않으려 노력하지만, 일과 별개로 함께 '흡연'하는 것이 친분을 쌓는 통로가 되는 것은 어쩔 수 없다. 혼자만의 시간이 꼭 필요한 지극히 I형 인간인 나로서는 그런 순간이 매

번 부럽진 않지만 때때로 필요성을 느낀다. 때문에 담배 타임을 보내러 가는 이들과 그저 함께 시간을 보내고 싶은 마음이 들 때면 무턱대고 함께 흡연장으로 향한다. 비흡연자인 내가 흡연자들 사이에 있다고 해서 연기로 대동단결하는 커뮤니티에 직접 낄 수 있는 건 아니지만 말이다.

몇 해 전, 인터넷에서 담배를 피우지 않는 회사원들이 내가 담배 타임을 부러워하는 이유와 비슷한 이유를 제시하며 '그래서 비눗방울을 불기로 했다'고 선언한 것을 본 적이 있다. 담배는 싫고, 연기로 하나되는 커뮤니티도 썩 달갑지 않은 이들이 선택한 것은 투명하게 부유하다 퐁 하고 터져버리는 무해한 방울이었다. 정말이지 세상 발칙하고 귀여운 선택이라 일순간 마음을 빼앗겼다. 그 글 마지막 문장이 "근데 아무래도 나 중독된 것 같아"였기 때문에 일렁거리는 마음을 주체할 수 없었다. 세상에! 이렇게나 '무해한 중독'이라니, 그 발칙하고 귀여운 아이디어가 여간 기특한 게 아니었다. 그때부터 비눗방울에 대한 욕망을 키워왔다. 겨울마다 불티나게 팔리는 눈 오리에도 덤덤했던 내가 월미도에서 우연히 만난 '대왕 비눗방울'을 그냥 지나칠 수 없었던 것도 그래서다. 한동안 대왕 비눗방울을 통해 담배 타임과 비슷한 효과를 누리다 작은 가방에도 넣고 다닐 수 있는 입으로 부는 작은 비눗방울을 하나 더 구매했다. 역시 어른이란 이런 것 같아 뿌듯했다. 비눗방울 정도는 타격감 없이 사서 피우, 아니, 불 수 있는 것 말이다.

아무래도 나도 중독된 것 같다. 무해하지만 발칙하고, 귀엽고도 진중한 그 작은 존재에 말이다. 어쩌면 세상을 바꾸는 건 무해하지만 발칙하고, 귀엽고도 진중한 것들이 아닐지 생각해본다. 고양이처럼 말이다. 나 또한 그런 존재가 되고 싶다는 염원을 담아 쉬이 비눗방울을 놓아주지 못하고 오늘도 가방 한구석에 자리를 마련한다. 혹여 지나가던 골목길이 어느 날 온통 비눗방울로 뒤덮여 있다면 그것은 아마 누군가 담배 연기 대신 선택한 무해한 방울일 것이다. 또한 깊은숨을 내쉬어 불어낸 소중한 방울일 것이다. 어쩌면 세상을 조금 더 아름답고 귀엽고 무해하고 진중한 곳으로 바꿀 유용한 방울일지도.

나도 서정적인 글을 쓰고 싶다

나도 서정적인 글을 쓰고 싶다. 쉽게 웃고, 쉽게 울고, 쉽게 감동하고, 쉽게 몽글몽글해지는 사람이면서 부쩍 글이 날카로워지는 요즘, 오늘은 기필코 서정적이고 다정한 글을 써내겠다는 욕망으로 무작정 노트북을 펼쳐 들었다. '일주일에 한 편씩'이라는 약속을 이렇게나 규칙적으로 지키지 못하는 것도 용한데, 2주에 한 편을 겨우 생산하고 나면 '내가 하고 싶었던 게 이게 맞나' 하는 의구심과 불안이 엄습한다. 한 편 한 편 글을 쌓기 위한 원동력이자, 세상에 펼쳐 보이기 전 모니터링을 해주는 열 명 남짓의 독자들에게 글을 보내고서도 한동안은 심드렁하다. 소중한 독자들 덕분에 감히 완성이라고 할 수는 없지만 일정량의 일단락된 원고를 갖게 된 것은 분명하다. 그러나 최근에 쓴 글들이 스스로 만족스럽지 못했기에 매주 '다음 주에는 꼭!'이라는 부담감을 안고 다음 글을 시작하게 된다. 그러니 불가능할 수밖에! 좋은 글을 써야 한다는 부담으로 시작한 일주일은 이번 주도 실패했다는 죄책감으로 마무리되고, 죄책감으로 시작한 그다음 일주일은 끝끝내 고통스럽기 짝이 없다. 또다시 '내가 하고 싶었던 게 이게 맞나' 하는 의구심과 불안에 마음이 복잡해질 즈음, 격려를 건네는 독자들에게 위안을 얻기도 하지만 스스로 만족하지 못해 또다시 부담감으로 일주일을 시작한다.

그러니 오늘은 서정적인 글을 쓰고 싶다. 서정적인 글을 잘 쓰기란 여간 어려운 게 아니다. 문체가 조금만 허접해도 싸구려 신파 같아지고, 조금만 뻔해도 울림이 없다. 소소하더라도 신금을 울리는 진실한 깨달음과 그 깨달음의 '결'을 담아낼 수 있는 문체가 어우러져야 한다. 사실 일단락된 원고만큼이나 시작하고 끝을 맺지 못한 원고가 노트북 바탕화면에 어지러이 널려 있다. 하고 싶은 이야기임은 분명하지만, 그 이야기를 풀어내는 과정에서 지칠 대로 지쳐버린 나를 길게는 3년째 기다리고 있는 글이 한 가득이다. 도무지 이 이야기들을 다시 풀어헤칠 엄두가 나지 않아 이번 주에는 메모장에 적어두었던 새로운 글감으로 글을 쓰기 시작했다. 며칠 동안 새로운 글감을 끌어안고 노트북 앞에서 끙끙대기를 반복하다 오늘은 도무지 다시 펼쳐 볼 엄두가 나지 않아 새로 시작한 그 글마저 '널려 있는 파일 중 하나'로 남겨놓기로 했다. 차라리 백지의 한글 파일을 여는 것이 마음이 편했다. 그렇게 끝맺지 못한 원고가 하나씩 늘어간다. 바탕화면에 널려 있는 그것들을 볼 때마다 마음 한구석이 콕콕 찔려 아리다.

자주 화가 나는 것을 보면 본래 내가 예민하고 날카로운 사람 같다가도 또 그만큼 여려서 쉽게 다친다. 기껏 날카롭게 정곡을 찔러 말해놓고 어느 순간 구겨져 있다. 그런 나를 두고 나를 사랑해주는 사람들은 기이한 표정으로 '하나만 해'라고 말한다. 누군가는 반드시 총대를 멨어야 할 이야기를 용기 내서 하는 내 모습은 내가 생각해도 꽤 멋졌다. 멋짐에 집착하는 편이라 그런 자신을 대견해했다가도 얼마 가지 못해 꼬깃꼬

깃 구겨지고 만다. 마음이 불안하고 어려워진다. 그리곤 눈물을 뚝뚝 쏟아낸다. 그 절벽의 단차를 눈앞에서 보고도 믿지 못하는 사람들은 하나같이 기이한 얼굴이 된다. 저이는 참 용감하고 멋진 사람이라 생각했는데 동시에 이렇게나 연약할 수 있구나, 하는 것이다. 그러니 하나만 해도 괜찮다고, 하나만 해도 충분하다고 다독인다. 멋짐에 집착하는 만큼이나 다정함에 집착하는 나는 내가 멋지게 해내느라 다정하지 못했다는 것을 두고두고 후회하며 자신을 내팽개친다. 내팽개치는 순간 다치는 줄 알면서도 기어이 내팽개치고 만다. 글을 쓸 때도 마찬가지다. 나는 언제나 다정한 글을 쓰고 싶었다. 몇 시간을 끙끙대며 써낸 글들은 어쩌면 한 번도 다정하지 못했다. 내가 하고 싶었던 게 이게 맞나? 하는 검열은 언제나 다정을 겨냥하고 있었다.

부쩍 날카로운 글들이 쏟아져 나오는 요즘엔 더더욱 다정하고 싶다. 솔직하게 고백하건대 부쩍 날카로워졌다고 여기기 이전에도 온전히 다정했던 것은 아니다. 하지만 이 방향이라면 언젠가 가닿을 수 있다고 생각하며 썼던 글들에는 최소한 위트가 있었다. 글쓰기는 삶을 돌아보고 보살피는 일인데, 현실이 도무지 다정하지 못해 무작정 다정할 수는 없었다. 하지만 그런 마음을 농담으로라도 풀어 보일 여유가, 그렇게라도 웃어 보일 여유가 그때의 내게는 있었던 모양이다. 삶이 블랙코미디라고 여기며 살아가는 내가 블랙코미디 같은 글을 쓴다는 것도 퍽 마음에 들었다. 반쯤 쓰다 지쳐 일시정지한 글들은 블랙코미디로 풀어보려 애썼지만 풀리지 않는 비극이었다. 현실의 무정함을 외면할 능력이 없어서 애써 끌어안아 보려 노력하는 글들이었다. 그러나 처참하게 실패한 글들이었다.

나 자신을 내팽개치기 싫어서 오늘은 무작정 "나도 서정적인 글을 쓰고 싶다"는 문장으로 글을 시작했다. 활자를 가득 채운 화면을 덮어버리고, 차라리 백지를 마주하고 싶어진 날이었다. 날카로운 발화가 불필요하다고 생각하지는 않지만, 나는 이만 다정해지고 싶다. 그러니 날카로운 발화가 차라리 불필요했으면 좋겠다. 마음 놓고 다정할 수 있으련만. 내 삶을 다정하게 돌아보고, 다정하게 보살필 수 있으련만. 그런데 사실 나는 안다. 언제고 다정하기는 어려우리라는 것을. 이렇게 나의 다정에 대해 고백하는 글을 쓰는 것은 다시 날카로워질 것에 대한 변명일 뿐이다. 여전히 나는 내 삶의 비극을 다정하게 돌아보기 위해 애쓸 것이다. 애쓴 결과가 블랙코미디라면 8할은 성공이다. 혹여 애쓴 결과가 블랙코미디조차 아니더라도 부디 나무라지는 않았으면 한다. 그 다정하지 않은 글을 쓰기 위해 스스로 부단히 내팽개쳐 왔으리라는 것을, 그렇게 기꺼이 다쳐 왔으리라는 것을 이 글을 읽고 있는 당신만은 알아주었으면 한다.

윤동주 시인은 시가 '쉽게 쓰이는 것'이 부끄럽다는데, 쉽게 써진 글이 나는 더 좋은 걸 보니 위인은 절대 되지 못할 모양이다. 오늘은 아무래도 글이 쉽게 써졌다. 첫 문장을 쓸 때까지만 해도 이 글이 어떻게 이어질지, 어떻게 마무리될지 알지 못했다. 위 문단을 쓰면서도 이 글이 이렇게 끝날 줄 알지 못했다. 24시간도 안 돼서 이렇게 마무리될 줄도 전혀 몰랐다. 그런데 어쩐지 이 글을 쓰고 나니 마음이 편해졌다. 나의 다정에 대한 변명일 뿐인 이 글이 어쩐지 글 쓸 맛이 나게 한다. 글을 쓰는 일은 역시 알다가도 모르겠다. 나는 변명이

하고 싶었던 것일까. 아니면 이해를 받고 싶었던 것일까. 그것도 아니면 그저 무언가 쓰고 싶었던 것일까. 다정은 실패했는지 몰라도 서정은 성공한 듯싶다. 쉽게 써져 부끄러울지언정 나는 이 글이 퍽 마음에 든다. 다음 주에는 혹여 다시 날카로워져도 괜찮을 것 같아서일까. 시끄럽던 속이 조금 시원하다.

그저 절실하게 고집스럽기로

며칠 전, 어릴 때 살던 동네에 갈 일이 생겨 엄마와 함께 가볍게 산책을 했다. 이태원역에서부터 오래전 내가 다녔던 보광초등학교 후문을 지나 언덕을 따라 이슬람 사원까지 올라갔다. 산책길은 유난히 낯설었다. 어릴 때는 한없이 넓고 커다랗고 가파르던 모든 게 이제는 미니어처 랜드의 장난감처럼 느껴졌으니 말이다. 낯선 것은 그뿐이 아니었다. 내가 살던 곳은 이슬람 사원에서 20분은 더 걸어 들어가야 있는 교회 근처였는데, 예전에는 그 모든 골목에서 한국어를 모국어로 구사하는 외국인 아이라고는 우리 삼남매가 다였다. 그런데 이제는 초등학교 후문에서 사원까지 올라가는 그 짧은 거리에도 온갖 다채로운 피부색과 눈동자를 가진 아이들이 한국어로 소통하며 놀고 있는 게 아닌가. 내게도 이 광경은 퍽 낯설었다. 그 아이들의 세계에서 지금 이곳은 한없이 넓고, 커다랗고, 또 가파르겠지?

반갑고, 쓸데없이 대견하고, 아무 이유 없이 정이 가는 한편, 조금 안쓰럽다는 생각이 들고 말았다. 이내 내가 뭐라고 감히 이 아이들을 바라보며 그런 생각을 하나 싶어 자책했다. 나는 이제 삼십대다. 내게는 이제 다른 세계가 한없이 넓고, 커다랗고, 가파르다. 그런데 이 넓고, 커다랗고, 가파른 세상에서 제 몫을 하는 어른인지는 모르겠다. 그래서 아이들이 안쓰러웠나 보다. 내가 제 몫을 해내지 못해 훗날 저 아이들의 세상까지도 여전히 넓고, 커다랗고, 가파르기만 할 것 같아서 말이다.

사실 나는 제 몫을 해내기 위해 부단히 애쓰는 중이다. 하지만 제 몫을 할 기회를 얻기가 쉽지 않은 것이 이 바닥의 현실이다. 프로필을 돌리고 응답을 기다리는 인고의 시간이 언제까지 지속될지 알 수 없다. 모두가 경력이 있는 배우를 원하지만 경력을 쌓을 기회는 주지 않는 것이 이 바닥의 오랜 규칙인 듯하다. '삼십대

여배우'에게 이 규칙은 더 가혹하다. 여성 캐릭터가 이전보다 다양해지고 있지만 여전히 '여성 서사'가 잘 팔리는 세계는 아니다. 철저하게 상업적인 이 세계가 여성을 소비하는 방식은 아직도 너무 뻔하게 질이 낮다. 그마저 돌아가는 파이의 양 자체가 적은 것은 말할 것도 없다. '삼십대 여성'인데다 '외국인'이기까지 하니 내게 할당된 파이는 거의 없다고 봐야 한다. 더 큰 문제는 미디어가 내게 자리를 내어주지 않으면서, 여성이자 외국인인 나의 현실과는 무관한 '여성 또는 외국인 이미지'를 양산한다는 것이다. 이러한 이미지들은 30대 외국인 여성의 현실을 살아가는 내 삶을 본질적으로 위태롭게 만든다.

무명 배우로 살아간다는 것은 아무래도 불안한 일이다. 내게 주어진 일을 부족함 없이 잘 연기할 수 있을까 하는 불안이 배우가 가질 수 있는 불안의 전부라면 좋았겠지만, 안타깝게도 배우의 생태계는 그보다 본질적이고 실존적인 불안들로 가득 차 있다. 우선 무명 배우는 일을 찾기 쉽지 않다. 수요가 공급에 한참이나 미치지 못하기 때문에, 널려 있는 상품 중 하나에 불과한

'나'라는 상품을 잘 팔기란 여간 어려운 일이 아니다. 일이 없으면 당연히 생계에 대한 걱정과 불안이 커진다. 여기에는 사실 실존적인 불안이 숨어 있는데, 그것은 이미 스스로를 상품이라고 명명하는 순간 생긴다. 상품이 되는 순간 스스로의 가치에 대해서 계속 의심할 수밖에 없는 위치에 놓이기 때문이다. 무명 배우의 '일'은 주어진 배역을 잘 연기하는 유급 노동과 유급 노동의 기회를 성취하기 위해 사진을 찍고 프로필을 만들어 인쇄해서 돌리는 각종 무급 노동으로 구분된다. 무급 노동에 들어가는 돈과 시간과 노동력이라는 인풋을 늘린다고 해서 꼭 그에 상응하는 아웃풋이 나오는 것도 아니다. 이 무급 노동을 언제까지 지속해야 할지, 지속할 수 있을지도 알기 어렵다. '배우는 기다림의 직업'이라는 말이 오랜 시간 이 바닥을 지배한 것을 보면 그것이 꼭 작금의 문제만도 아닐 테다. 삼십대, 여성, 외국인 배우인 나는 이 모든 나사가 빠짐없이 끼워 맞춰져야만 캐스팅이 가능한데, 캐릭터에 대한 상상력은 전적으로 나를 벗어나 있기 때문에 나의 무급 노동과 무급 노동에 대한 노동 외 인풋은 어쩌면 아무런 의미가 없을지도 모른다. 이 기다림이 나의 본질적인 가치와 무관하다는 것을 알면서도 일이 없다 보면 점점 자존감이 바닥나고 만다.

자존감이 바닥나고 생계가 고단해지면 무슨 일이든 잡기 위해 혈안이 되거나 맹목적으로 변하는 경우가 종종 있다. 정말 절실해져서 경력 한 줄을 위해 여기저기 초상권을 판매하는 것이다. 불행히도 아직 이 바닥에는 그런 절실함을 이용하는 범죄자들이 넘쳐나기 때문에 이렇게 정말 절실해지는 순간은 꽤 위험하다. '절실함'이 배우의 미덕이자 사명이라 여겨지는 판 위에서는 무언가 이상하다고 느껴지더라도 계속 자책하고 타협하게 되는 것이 인간의 한계인지라 정말 표적이 되기 십상이기 때문이다. 안타깝게도 내가 표적이 될 수도 있다는 불안은 여성 배우라면 누구든 떨쳐낼 수 없는 또 하나의 불안이다. 이러한 문제가 남성 배우에게 전혀 생기지 않는 것은 아니지만, 여성 배우가 더 취약하다는 것을 부인할 수는 없다.

그러나 내가 정말 짚어내고 싶은 실존적인 불안이 꼭 범죄 상황에 대한 것만은 아니다. 수면 아래에서 끄

집어내 꼭 언어화하고 싶은 것은 내가 미디어를 통해 소비되는 방식이 내 삶을 방해하는 순간 벌어지는 또 다른 형태의 불안이다. 예컨대 여성으로서 일명 '여혐 정서'가 가득한 작품에서 연기하는 것은 나에게 실질적인 위협이자 공포다. 국뽕에 취하기 위한 도구로 소비되는 외국인을 연기하는 것도 마찬가지다. 모든 배우가 같은 지향점을 가지고 있는 것은 아닐 테고, 또 모든 배우가 이를 구체적으로 언어화하지는 못했을지라도, 이 자체가 배우들에게 위협이 되리라는 사실은 믿어 의심치 않는다. 채워지는 것 없이 소비되는 것 같은 감각, 그러다 보면 어느새 삶 자체가 무의미한 것 같은 감각이 배우들에게 흔한 것을 보면 말이다.

이런 실존적인 위협과 불안을 피하기 위해 나는 배우가 선택받아야만 하는 직업이라는 사실을 애써 외면하곤 한다. 선택받기 이전에 배우도 선택할 수 있는 위치에 있어야 한다고 매일 정신승리 같은 주문을 외우는 것이다. 공급이 넘쳐나는 이 바닥에 그 어떤 균열도 내지 못할 주문임을 알면서도, 그저 그렇게 소비되고 싶진 않기 때문이다. 무턱대고 프로필을 보냈다가 마음을 다칠 바에는 내 선에서 거를 수 있는 프로덕션은 깔끔하게 정리하고 시작한다. 배우의 미덕이라고 말하는 그 '절실함'이 내겐 없는 걸까? 잠시 자책해보지만, 이내 '배우가 절실해야 한다'는 말 이면에 얼마나 큰 폭력이 있는지 깨닫는다. '절실하지 못하다'는 비난으로 활용되는 그 미덕이 그간 누군가의 꿈을 어떻게 무너뜨렸을지 상상하는 것은 그리 어려운 일이 아니다. 그렇게 마음을 다잡는다. 그러나 마음을 꿋꿋하게 다잡아도 일은 없다. 결국 다시 나의 가치를 의심한다. 이 기다림이 나의 본질적 가치와 무관함을 알면서도 다시 한번, 자존감을 지켜내기란 쉽지 않다. 이 벗어날 수 없는 순환논리에서 계속 쳇바퀴 돌며 가난과 불안을 동시에 안고 사는 것이 바로 무명 배우들이다.

한 번은 전국의 배우들이 너나 할 것 없이 프로필을 냈을 시리즈에 지정 대본 영상을 제출할 기회가 생겼다. '이름을 갖기 위한' 관문처럼 여겨지는 상업 프로덕션이었고, 무엇보다 외국인이 나와도 전혀 이상할 것 없는 작품이었다. 물론 외국인 여성이 나오는 것은 좀 경우가 다를 수 있지만, 그래도 다양한 상상을 해볼 법하다고 여겨 호기롭게 프로필을 보냈다. 1차 프로필 오디션에선 보기 좋게 떨어졌다. 뭐, 오디션에 떨어지는 것쯤이야 흔한 일이니 별 타격감이 없었다. 그런데 학교를 통해 2차 오디션에서 따로 제공되는 지정 대사를 받아 영상을 보낼 기회가 추가로 주어졌다. 기대를 안고 지정 대사를 확인했지만 금세 허탈해졌다. 외국인 여성에 대해 새로운 상상을 해볼 법하다고 여겼던 자신이 한심했다. 나이대별로 다양하게 구분된 지정 대사는 하나같이 여성 혐오적이었다. 대단한 연기력이 필요한 것도 아니었다. '오디션'이라면 응당 연기력을 따져볼 수 있는 장면이어야 할 텐데, 그저 이 캐릭터를 혐오할 수 있는 대상으로 그릴 능력을 갖췄는지 따지려는 것 같았다. 혐오의 대상이 되는 온갖 전형적인 여성상을 한데 모아놓은 비현실적인 캐릭터들을 읽으며 머리가 아파왔다.

여성에 대해서조차 제대로 된 상상을 하지 못하는 프로덕션을 두고 외국인 여성에 대해 새로운 상상을 해볼 법하다고 기대했다니. 애초에 아무 생각 없이 '전형적으로 혐오할 만한 대상'을 연기할 수 있는 배우를 찾고 있는 것 같아, 나만은 당당하게 영상을 보내지 않았다. 그것을 연기하는 일은 나의 능력 밖의 일이기도 했지만, 그렇게 소비되겠다고 자신을 어필하고 싶지도 않았다. 악역을 연기하기 싫어서가 아니라, 여성이 실재하지도 않은 전형으로 그려지는 것을 더는 보고 싶지 않아서였다. 미디어가 양산한 그 전형이 이미 내 삶을 피폐하게 하는데 나까지 거기에 숟가락을 얹고 싶지는 않았다. 누군가에겐 절실한 기회였을지 모를 지정 대사를 내 발로 걷어찬 것이 후회되진 않았지만, 1차 프로필 오디션에서 떨어졌을 때와는 달리 이상한 타격감이 있었다. 오디션 보이콧이라는 나의 정치적 선택이 아무런 균열도 내지 못했으리라는 데서 오는 타격감인지, 절실한 것이 미덕이어야 하는데 감히 그렇지 못한 배우라는 나의 정체성에서 오는 타격감인지, 내가 배우로서 할 수 있는 것이 무엇인가에 대한 의문과 불안에서 오는 타격감인지 알 수 없었다.

  나도 맹목적이던 때가 있었다. 뭐든 해야 최소한 스스로 '배우'라고 소개할 수 있을 것 같아서 외국인 배우가 필요하다는 모든 프로덕션에 가리지 않고 프로필을 냈다. 그 결과 촬영을 몇 개 했지만, 결과적으로 그중 어떤 것도 경력으로 남지는 못했다. 다행인 것은 그때 외국인이 소비되는 방식이 또 하나의 난장판이라는 사실을 알게 되었다는 점이다. 한동안 그것이 왜 불편한지 언어화하지 못하다가 최근에 이유를 정리하고 나서야 나의 불편함과 나아가야 할 방향이 선명해졌다. 모든 것은 '우와', 이 한마디에서 시작됐다. 외국인 리포터 콘셉트의 여행 상품 홍보 영상을 촬영하던 중 장독대를 두고 '우와' 하고 감탄하는 연기를 해달라는 요청을 받았다. 아무것도 아닌 이 '우와'가 나는 그렇게 어려웠다. 굳이 어눌하게 말하지 않기로 합의했던 터라 괜찮을 것이라 여겼는데, '외국인 리포터'에게 기대하는 그림들이 있었다. 내내 알 수 없던 불편함이 '우와'에서 물밀듯이 밀려 왔다. 별로 신기할 것 없는 장독대를 그저 내가 외국인이라는 이유로 '우와' 하고 감탄해야 한다는 것에 시들해졌다.

묵직하게 엉켜 있는 감정만 있을 뿐 그것이 무엇인지 언어화되지 않던 긴 시간 동안에도 외국인성을 정면에 내세워 "한국 좋아요!!" 하는 식의 국뽕에 취한 외국인 역할만은 어떻게든 하고 싶지 않았다. 몇 년이 지나고 나서야 불현듯 깨달았다. 일종의 당사자성을 가진 나에게 그런 역할이 실존적인 공포였다는 것을 말이다. 이 나라가 싫어서가 아니다. 나는 내가 이 사회의 구성원이라고 생각하기 때문이다. '한쿡 좋아요'식의 대사를 하는 순간 나는 아이러니하게 이 사회에 소속된 사람이 아니게 되고 만다. 또한 '외국인'이 미디어에서 그렇게 소비되는 것이 근본적으로 나를 포함한 수많은 다른 구성원들의 자리를 위협한다는 사실을 나만은 누구보다 잘 알고 있기 때문이다. 그래서 그깟 하찮은 돈 몇 푼과 경력 한 줄을 벌자고 내가 나서서 그 역할을 연기할 수는 없는 노릇이다.

그깟 하찮은 돈 몇 푼과 경력 한 줄이 아니면 영영 일을 찾을 기회를 잡거나 생계를 유지할 능력을 갖추지 못할 수도 있어 전전긍긍하면서도 그 한 발짝을 내딛지 못하는 것에 가끔 휘청거릴 때가 있다. 나의 고집을 자책해보기도 하고, 절실하지 못함을 자책해보기도 하지만 이내 타협하지는 못한다. 내 안의 두 자아가 서로를 맹비난하며 싸우는 것이다. 한 자아가 배우를 하겠다는 건지 말겠다는 건지 모르겠다고 쏘아대면 다른 자아가 셀럽이 목적은 아니지 않으냐고 몰아붙인다. 물론 무명한 내가 이름을 가지기를, 그러니까 '유'명 해지기를 원하는 것은 맞지만 그렇다고 셀럽이 되고 싶은 욕망에 휘둘리고 싶은 것은 분명 아니다. 잠시 흔들리던 자아도 이내 진정한 의미의 내 이름을 가지기 위해서는 그 한 발짝을 내딛지 않는 것이 안전하다고 납득하고 만다.

내가 애초에 배우가 되기로 결심한 이유는 내게 다른 종류의 언어가 필요했기 때문이다. 모두에게 선명한 감각으로 가닿을 수 있는 객관적인 언어. 모든 기호가 살아 숨 쉬며 전달되는 언어 말이다. 그 언어를 포기할 것이라면 굳이 배우가 될 필요는 없다. 나는 여전히 배우가 그런 언어를 펼쳐 보일 수 있는 업이라 생각한다. 비록 자본에 의해 좌지우지되는 변수가 많지만 말이다. 그래서 더더욱 고집스럽게 절실하지 못한 것일지도 모르겠다. 아니 어쩌면 누구보다 절실한 셈이다. 더 이상 물러날 곳이 없어 절실하게 고집스러운 것이다. 이 넓고, 커다랗고, 가파르기만 한 세상에서 절실하게 고집스럽기란 단언컨대 쉬운 일이 아니다.

그렇다고 배우로 일하는 모든 시간이 고달프고 불안했던 것은 아니다. 결국 불안한 와중에도 충만한 순간들이 있어 이 일을 계속할 수 있는 것이다. 나는 참 운이 좋은 사람이라, 대학로 데뷔작이라고 할 수 있는 공연부터 좋은 선배들을 만나 온전히 사랑받고 지지받으며 작업했다. 나의 '외국인성'을 전면에 내세운 것이 아니라, 온전히 나라는 사람으로서 하는 공연이었기 때문에 마음이 참 아늑했다. 관객을 만나면서 내가 외국인 배우가 아니라 그냥 '배우'로서 연기한다는 것의 의미를 다시금 깨닫는 순간도 많았다. 말로 표현할 수 있는 것은 아니지만, 그런 감각들이 계속 무대에 서고 싶게 하고, 무대에 설 수 있게 하는 것 같다.

공연이 끝나고 뒤풀이가 있던 새벽, 극단 소속의 극작가 선배가 해준 이야기에 눈물을 훔치며 평생 이 일을 해야겠다고, 더 잘 해내야겠다고 다짐했다. 선배는 내가 연기하는 것이 극작가로서 영감이 됐다고 했다. 대단히 큰 의미를 부여하고 한 말은 아니었으리라. 내가 특별히 연기를 잘해서 한 말이 아니라는 것도 잘 안다. 그러나 그 말은 내게 평생 소중할 예정이다. 선배와 나란히 앉아 연신 감사하다고 했다. 그리곤 주저리주저리 내가 연기를 하고 싶었던 이유가 그거라고, 나 같은 사람이 존재한다는 걸 보여주고 싶고, 나와 같은 사람들이 어딘가에서 살아가고 있다는 이야기를 하고 싶다고 선배가 딱히 궁금해하지도 않을 이야기를 늘어놓았다. 내가 하는 일이 누군가에게 영감이 될 수 있다는 것은 얼마나 영광스러운 일인가. 그로 인해 새로운 이야기들이 펼쳐질 수 있다는 것은, 새로운 상상력이 어딘가에 자리 잡을 수 있다는 것은, 또 그것이 어쩌면 누군가의 실질적인 삶에 보탬이 될 수도 있다는 것은 얼마나 영광스러운 일인가. 내 손으로 해내야 할 가슴 떨리는 일이 많은 것을 보면 나는 정말이지 운이 좋은 사람이다.

그래서 오늘도 지치지 않고 절실하게 고집스럽기로 했다. 나는 외국인 배우가 아니라 그저 배우이고, 계속 배우이고 싶다. 무명의 시간을 경제적으로 견뎌내기 위해 어쩔 수 없이 아르바이트를 해야 하지만, 이름을 가지기 위해서는 무작정 프로필을 돌려보는 수밖에 없지만, 그래도 나는 무작정 나에게 주어진 일을 해내야 겠다. 외국인으로 할당된 자리가 아닌 곳을 열심히 기웃거리며 한국어가 모국어라고 굳이 강조한 프로필을 돌리는 수밖에. 설사 그 누구도 눈여겨보지 않을지라도. 어쩌면 눈여겨보더라도 당장은 '한국말을 잘하는 외국인'의 범주 안에서만 나의 모국어를 상상하더라도 말이다. 그래서인지 프로필을 100개쯤 돌려야 하나쯤 연락이 올 것이라는 이 바닥의 흔한 밈조차 내게 해당되지 않는 것 같지만, 그 모든 시간 동안 혹여 조금 휘청거릴지라도 끝끝내 무너지지 않기를 바랄 뿐이다. 그러다 만나게 될 좋은 창작자들과, 나를 통해 할 수 있는 이야기들을 소중히 다룰 수 있는 훌륭한 창작자들과 보다 안전하고 즐거운 작업을 하며 다시금 충만해질 수 있기를 바랄 뿐이다. 그렇게 충만함을 쌓아 가다 보면 어느새 누군가에게 영감이 될 수 있는 기회도 늘어나 있지 않을까? 또, 그 영감을 통해 엄마와의 산책길에 마주친 아이들의 세상을 어느새 조금은 평탄하게 다져놓을 수도 있지 않을까? 제 몫을 마땅히 하는 어른이 되기 위해 작지 않은 바람을 절실하고 고집스럽게 가져본다.

에필로그

'미치광이 괴짜 과학자'의 실험실

깜빡이는 커서를 하염없이 바라보며 한숨을 쉬고 있던 어느 날이었다. 그때 무슨 글을 쓰고 있었는지는 기억나지 않지만 한숨의 레퍼토리는 여느 때와 다름없었다. 무슨 말을 하고 싶어서 이 소재를 끌어왔는지, 그 말을 하려면 어떤 전략이 필요할지 이제는 객관적으로 보이지도 않을 만큼 오래 들여다본 글을 앞에 두고 차라리 이대로 덮어버릴까 고민하며 막막한 가슴을 쓸어내고 있었다. 휴대전화 진동음이 울린 것은 쉰여섯 번째 한숨을 내쉰 직후였다. 발신처는 전 대학원의 지도교수님이었다. 학위를 받은 지 어언 3년이 다 되어감에도 몸에 배인 학생 바이브로 "네, 선생님" 하고 전화를 받았다. 아차, 오랜 시간 말을 하지 않아 잠겨 있던 목소리를 깜빡하고 다듬지 못했다. 자고 있었냐는 선생님의 질문에 머쓱해하며 글 쓰고 있었는데 말을 오랫동안 안 해서 목이 잠겼나 보다고 대답했다. 산문집을 만들 요량으로 산문 비슷한 것을 쓰고 있음을 알고 계셨던 선생님은 "근데 그거 왜 써? 왜 쓰는 거야?" 하고 물었다. 선생님께는 티 내지 않았지만, 마음속에 떠오른 말을 마주했을 때 나도 흠칫 놀랐다.

지금껏 누구에게도 받아본 적 없던 질문이었다. 스스로도 딱히 해본 적 없는 질문이었다. 그간은 그냥 써야 할 것 같아 쓸 뿐이었다. 처음엔 대학원 동기 언니가 "너는 무조건 글을 써야 한다"고 했기 때문에 시작했다. 언니는 내가 대학원 졸업을 앞두고 배우가 되기로 한 것을 누구보다 진심으로 응원해 주면서도 "글을 쓰라"는 채찍질 또한 아끼지 않았다. 그의 상당한 채찍질에도 불구하고 몇 년간 감히 어떤 목적을 가진 글을 쓸 엄두를 내지 못했다. 그러다 마음을 고쳐먹고 글 몇 편을 쓰긴 했지만 학업과 병행이 어려워 지지부진한 시간이 하염없이 흘러갔다. 본격적으로 마음을 다잡고 글을 쓴 것은, 앞서 이야기한 것처럼 마음을 다쳐 동굴을 팠을 때 부터였다. 언니를 포함해 막무가내로 글을 보내기 시작한 10여 명의 '모니터링 요원'들은 내가 글을 쓰기 위한 채찍이자 당근이었다. 그렇게 한 편씩 쌓여온 글들이 이 산문집이 됐다. '그걸 왜 쓰는 거냐'는 질문은 다짜고짜 글을 받아 황당했을 모니터링 요원들도 그동안 한 번도 하지 않은 질문이었다. 그냥 그런가 보다 했던 것일까, 아니면 처음 당근이 되어주었던 언니의 말처럼 나는 무조건 글을 써야 하는 사람 같아서였을까.

어쨌거나 나 스스로도 나는 무조건 무언가를 써야 하는 사람 같았다. 연기를 해야겠다는 정체성이 사회학을 공부하면서 뚜렷해진 것처럼, 무언가를 써야만 하는 사람이라는 정체성은 외려 연기를 전공하면서 뚜렷해졌다. 이 사실이 스스로에게 또 하나의 아이러니이긴 하지만, 어쨌거나 글을 써야 하는 사람이라는 자체가 의심스럽진 않았다. 그래서 굳이 질문할 필요도 없었다. 선생님의 질문은 사실 내가 무언가를 쓴다는 것에 대한 의문은 아니었다. 선생님만큼 내가 무언가

쓰기를 바라는 사람도 없다. 그래서 언젠가 이 모든 글이 완성되었을 때 가장 먼저 보여드리고 싶은 사람 또한 선생님이다. 선생님이 건넨 질문의 뉘앙스는 왜 하필 산문(비슷한 것)을 쓰느냐는 것이었다. 그리고 놀랍게도 그 순간 내 마음속에 떠오른 한마디는 '답답해서'였다.

맞다. 나는 답답해서 글을 썼다. 충분히 대중적이지도 못하면서 대중적이고 친절한 글을 쓰기 위해 부단히 노력하며 이렇게 산문 비슷한 것을 쓰고 있는 이유는 말 그대로 답답해서였다. 내내 무언가를 말하고 설명하는 것이 답답해서. 말은 결국 말일 뿐이라서 쉽게 왜곡되거나 의도하지 않은 방향으로 해석되곤 한다는 사실이 참을 수 없이 답답해서. 그 풀리지 않는 오해를 풀어보겠다고 말의 늪에서 허우적댈수록 내내 답답함만 쌓여서 글을 썼다. 끝끝내 버티고 있던 답답한 마음이 무너져 내려 주저앉은 날, 글을 써야겠다고 마음을 다잡았다. 그러나 스스로 쌓아 올린 장벽에 스스로를 가둔 셈인지도 모르겠다. 설명하는 것이 답답해서 글을 썼지만, 결국 이 글들 모두가 무언가 한껏 설명하기 위한 글이었으니 말이다. 설명하지 않아도 괜찮은 것이 권력임을 알면서도, 그 구도 안에서 내가 내내 설명해야만 하는 위치에 있음을 답답해하면서도, 그 답답함을 해소하기 위해 선택한 일마저 설명해 내는 일이라니. 내 삶의 궁극적인 아이러니다.

하지만, 결국 발화하는 것밖에는 방법이 없음을 안다. 배우가 되어 연기를 하는 것도 이렇게 글을 쓰는 것도, 결국 발화하기 위해서다. 내게 있어서 언어를 가지고 무언가를 발화한다는 것은 목적인 동시에 수단이다. 구구절절 설명하거나 증명해낼 필요 없이 편하게 발화할 수 있는 위치에 있기 위해 고통스럽지만 끈질기게 구구절절 발화하는 수밖에 없다. 내가 존재하는 장소인 이 '경계'를, 선이 아닌 면으로 한껏 펼쳐내고자 하는 이유는 말 그대로 보이지 않는 것을 보이는 것으로 만들기 위해서다. 보이지 않던 것이 보이게 되는 순간, 쉽게 말해서 어떤 것들은 그냥 '퉁 칠 수' 있다. 이해를 구걸하며 구구절절 설명하는 소모적인 고통에서 비로소 벗어날 수 있다. 그리고 그것을 해낼 수 있는 수단은 결국 소모적으로 느껴지는 고통스러운 발화뿐이다.

그래서였을까. 한 편씩 쌓아온 산문 비슷한 이 글들을 나는 대부분 울음을 삼키며 쓰거나, 차마 삼키지 못한 울음을 몰래 흐느끼며 썼다. 그럼에도 슬프지만은 않은, 최소한 '웃프기'라도 한 이야기를 쓰기 위해 노력했다. 읽는 이들의 읽는 재미를 위한 것이기도 했지만, 나를 위한 것이기도 했다. 나의 발화가 징징거림이 되지는 않았으면 했다. 한편으로 나의 실존하는 고통을 징징거림으로 명명하는 스스로의 검열에 스스로가 상처받았다. 그래서 글을 쓰는 것이 종종 무서웠다. 나의 발화를 가로막는 세상의 기준을 나 스스로 나에게 들이대며 소모적인 과정을 거쳤음에도 징징거림이나 분노로 가득 찬 글이 나오는 것 같아 자책하기 일쑤였다. 그 '징징거림'과 '분노'가 마땅히 필요함을 알면서도, 부단히 노력했던 친절하고 다정한 글쓰기에 처절하게 실패할 때마다 과연 이 글이 세상에 나오는 것은 무슨 의미일까 고민하며 무너지기도 했다. 충분히 예민하고 치열한 사람이 되기 위해 촉수를 세우고, 웃자고 한 이야기에도 죽자고 달려들기를 주저하지 않는 사람이 되기 위해 노력하면서도, 언제나 급발진하고 분위기나 흐리는,

너무 예민해서 이해할 수 없는 사람이 되고 싶지는 않았던 것이다. 거듭 곱씹을수록 모순적이었지만 그것이 나였다. 언제고 예민하고도 다정한 사람이고 싶었다.

그렇게 스스로를 갉아먹으며 쌓아온 글들을 독자들에게 펼쳐 보이면서야 나의 이 모순적인 욕망을 정직하게 마주할 수 있었다. 글이 독자들을 만나는 과정이 즐거운 것이었음은 틀림없다. 그러나 그 시간은 때때로 나의 이루어질 수 없는 욕망, 혹은 무의식적으로 걸었던 기대가 좌절하는 힘든 시간이기도 했다. 글을 쓰면서도 알고 있었다. 이 글들이 모두에게 내가 원하는 방식으로 읽히지만은 않으리라는 것을, 내가 원하는 방식으로 읽히더라도 모두에게 100의 진정성으로 가닿지는 못하리라는 것을, 심지어는 정말로 아예 읽히지조차 못할지 모른다는 것을 말이다. 최소한 알고 있다고 생각했다. 그런데 미처 그 사실을 받아들이지 않고 있었던 것이다. 내 딴엔 고통스럽게 발화한 어떤 이야기들이 제대로 작동하지 못할 때마다 나는 이제 더는 견딜 수 없다는 듯 휘청거렸다.

스스로에게 엄격한 검열의 잣대를 들이대어 기꺼

이 상처 입으며 썼던 글들이라는 혼자만의 역사 안에서, 이미 한 번 고통스럽게 풀어낸 그 이야기를 또다시 말로 설명해야만 하고 증명해야만 하는 귀찮은 상황과 마주하게 될 때 어이없게도 불쑥불쑥 화가 났다. 그냥 퉁 치고 싶은 게으름으로 부지런히 글을 썼던 내 역사 안에서는 충분히 납득할 수 있는 감정이었지만, 내가 글을 썼다는 사실을 모르는 것이 당연한 이들 앞에서까지 화가 난다는 것은 스스로 생각해도 옹졸하고 쪼잔하고 찌질했다. 그러나 늘 그다음 단계가 문제였다. 그런 순간이 오면 '아, 글쓰기를 하며 내가 인내심이 다 됐구나' 하고 다시 한번 스스로를 탓하며 화를 삭였다. 그러곤 울음을 삼키며 글을 쓰는 동안 벼려냈다고 생각한 언어를 이번에는 차분히 발화했다. 그러나 누군가 나의 발화 앞에 또다시 '세상을 좀더 넓게 바라볼 필요가 있다'는 식의 쉬운 조언을 할 때면 글을 쓰기 이전보다 훨씬 격하게 휘청거렸다.

누군가가 쉽게 징징거림으로 명명하지 못하기를 바라며 스스로에게 엄격한 검열의 잣대를 들이대어 기꺼이 상처 입으며 벼려왔던 언어들이었다. 그 언어들이 또다시 쉽게 왜곡되고 뭉개져버렸을 때, 그야말로 답답함을 이제 더는 견딜 수 없는 사람처럼 폭발하고 말았다. 그것은 더 똑똑해져야 한다는 다짐이 사실은 의미 없는 다짐이었다는 사실을 깨달았을 때의 허탈함보다 훨씬 못마땅한 것이었다. 뭔가를 쉽게 퉁 칠 수 있을 때 온전히 다정해질 수 있을 거라 생각하고 썼던 글들 앞에 분노의 마음만 커지고 있었다. 결국 글을 쓰는 것이 과연 나에게 정말로 도움이 되는 작업인지 까지 의심하고 말았다.

이 의심 끝에 문득, 나는 어쩌면 어린 시절 만화영화에서나 보던 '미치광이 괴짜 과학자'가 되고 싶은 것인지도 모르겠다고 생각했다. 누군가의 두개골을 열어 그의 뇌를 내가 원하는 방식으로 개조해서 집어넣고 다시 두개골을 닫아버릴 수 있는 괴짜 과학자 말이다. 오만하고 발칙한 발상이고, 치졸하고 못난 욕망이라는 것을 알지만 분명 그랬다. '미치광이 괴짜 과학자'의 이미지가 떠올랐을 때 비로소 나의 이 못난 욕망을 인정할 수 있었다. 그런 못난 마음을 감히 글에 담아왔다는 사실을 깨달은 것도 그때였다. 그간 곱씹을수록 모순적이라고 생각했던 나의 일면이, 이해를 구걸하지 않으면서도 이해받고 싶었던 마음이, '미치광이 괴짜 과학자' 앞에서는 전혀 모순적이지 않았다. 누군가에게 나의 글 또는 말이 가닿기를 바라는 마음은, 저이가 나를 이해하길 광적으로 바라는 마음임이 분명하다. 모두에게 이해받거나 사랑받을 수 없다는 것을 감히 안다고 말하면서도 그것을 광적으로 바라온 것이다. 그리고 그 당연한 실패에 꽁하고 열을 올리는 내 모습은 가히 실험에 실패한 괴짜 과학자 같아 퍽 우스웠다. 그래서 요즘엔 지인들을 만나면 자랑하듯 말한다. 괴짜 과학자가 되고 싶은 욕망을 깨달았다고. 그러면 마음이 한결 나아진다. '미치광이 괴짜 과학자'의 이미지가 내가 절대 가닿지 못할 욕망이라는 사실을 납득할 수 있는 그림체여서일까, 아니면 꽤나 그럴듯한 블랙코미디 같아서일까. 어쨌거나 퍽 좋은 언어가 생긴 것은 분명하다.

아마 나는 괴짜 과학자가 되고 싶다는 욕망을 한동안 놓아주지 못할 것 같다. 타인에게 이해받고 사랑받고 싶은 나의 욕망을 차마 뒤로 할 수는 없고, 그 이루어질 수 없는 욕망이 끝끝내 비극이 되지는 않았으면 하기 때문이다. 그러나 이제 그만 이 괴짜 과학자의 실험실 같은 산문집은 마무리하려 한다. 온전히 이해받고 싶고 사랑받고 싶은 욕망을 덕지덕지 붙이고 세상에 펼쳐진 이 글들이 정말로 무슨 의미가 있을지는 여전히 잘 모르겠다. 괴짜 과학자가 되고 싶긴 하지만 정말로 두개골을 열어젖힐 수는 없기에 내가 할 수 있는 것이라곤 결국, 마땅히 존재하고 기꺼이 살아남고 끈질기게 발화하며 내가 존재하는 이 경계의 '선'을 '면'으로 펼쳐내는 것뿐이다. 이 글들이 내게 있어서 그런 의미임에는 틀림없지만, 과연 미처 이 글이 닿지 못할 '어떤 세계'에는 무슨 의미로 위치 지어질지 도무지 모르겠다.

그러나 자기가 실험 대상인지도 모르고 괴짜 과학자의 첫 번째 실험 대상이 되어주었던 모니터링 요원들에게서 간간이 글쓰기의 의미에 대한 힌트를 얻은 것은 분명하다. 예컨대 나의 가장 처절한 모순이라 생각했던 것을 어느새 독자들이 나보다 먼저 이해해주고 있었다. 예민하지만 다정한 사람이 되고 싶은 모순말이다. 소중한 독자들 덕에 이제는 안다. 나는 예민해서 다정한 사람이라는 것을. 끊임없이 예민하기 때문에 끊임없이 다정할 수 있는 사람이라는 사실을 말이다. 그들의 응답이 나에게 커다란 원동력이 되어주는 것처럼 이 글들이 누군가에게 소소하게라도 응원이 되어주길 바랄 뿐이다. 이마저 감히 괴짜 과학자의 못난 욕망임을 알지만 결국 그런 의미들이 참 소중하다. 어차피 나의 괴짜 실험이 실패할 그 누군가들은 도처에 있을 것이고, 나는 그 실패 앞에 또다시 폭발할 예정이지만 최소한 그것으로 글쓰기의 의미를, 끈질기게 발화하기의 의미를, 또는 나의 명백한 다정을 의심하거나 폄하하지는 않으려 한다.

여기 이렇게 존재하고 있어

ⓒZUNBUL BETUL, 2025

초판 1쇄 발행 2025년 6월 18일

지은이 준불 베튤 ZUNBUL BETUL

펴낸곳 (주)안온북스 펴낸이 서효인·이정미
출판등록 2021년 1월 5일 제2021-000003호
주소 서울시 마포구 월드컵로14길 28 301호 전화 02- 6941-1856(7)
홈페이지 www.anonbooks.net 인스타그램 @anonbooks_publishing
디자인 오혜진 표지 사진 베튤 제작 제이오

ISBN 979-11-92638-65-2 (03810)

- 이 책의 내용을 재사용하려면 반드시 사전에 저작권자와
  (주)안온북스의 서면 동의를 받아야 합니다.
- 인쇄, 제작 및 유통 과정에서의 파본 도서는 구입처에서 교환해드립니다.